カール・バルト説教選

しかし 勇気を出しなさい

待降・降誕・受難・復活

佐藤司郎［編・解説］

日本キリスト教団出版局

Ed. by SATO Shiro
Translated by Permission of
Theologischer Verlag Zürich
Published by The Board of Publications,
The United Church of Christ in Japan
Tokyo, Japan

目次

第一部　アドベント・クリスマス説教

待降

イザヤ書四二・一―四による説教　（一九一四・一一・二九、待降節第一主日）　9
ヤコブ五・七―八による説教　（一九二一・一二・一一、待降節第三主日）　34

降誕

最後の問いと答え　（一九三八・一二・二五、『スイス日曜新聞』）　48
今日、汝らのために救い主生まれたまえり　（一九四一・一二、『汝』）　62
われらと共にとどまりたもう　ルカ二・七（一九五八・一二・二五）　75
しかし勇気を出しなさい　ヨハネ一六・三三（一九六三・一二・二四）　94

第二部　レント・イースター説教

受　難

罪の赦し　コロサイ二・一四（一九一七・四・六、受難日）　121

イエスと共なる犯罪人　ルカ二三・三三（一九五七・四・一九、受難日）　144

復　活

永遠の生命　――復活節――　コロサイ二・一五（一九一七・四・八）　167

われ生くれば、汝らも生くべし　ヨハネ一四・一八―一九（一九五五・四・一〇）　187

わずかの間　イザヤ書五四・七―八（一九六一・四・二）　206

復活日の秘密　（一九六七・三・二六、『新チューリッヒ新聞』）　224

装丁　桂川　潤

凡例

一、本書に収録した説教は『カール・バルト説教選集』（日本キリスト教団出版局）から転載したものである。転載に際し、本書編者が加筆した箇所がある。

二、各説教の末尾に訳者名、収録巻、ページ数を記した。各説教に付した解説は本書のために編者が記した。

三、聖書の引用は、原文の文脈をできるだけ生かすように努めたが、支障のないところは『聖書　新共同訳』（日本聖書協会）に準拠した。

四、固有名詞は、原則として、『聖書　新共同訳』に準拠した。

五、〔　〕でくくられた箇所は、翻訳に際して訳者が補った言葉である。

六、末尾の注は、原著とくに Karl Barth Gesamtausgabe の編者注を参考にして訳者が補った。

第 I 部　アドベント・クリスマス説教

イザヤ書四二・一―四による説教

一九一四年一一月二九日、待降節第一主日、ザーフェンヴィル(1)

しかし見よ、わたしの僕、わたしが支える者を。
わたしが選び、喜び迎える者を。
彼の上にわたしの霊は置かれ
彼は国々の裁きを導き出す。
彼は叫ばず、呼ばわらず、声を巷に響かせない。
傷ついた葦を折ることなく
暗くなってゆく灯心《とうしん》を消すことなく
裁きを導き出して、確かなものとする。

暗くなることも、傷つき果てることもない
この地に裁きを置くときまでは。
島々は彼の教えを待ち望む。

愛する友よ！
もうまた、待降節を迎えることになった。間もなく、クリスマスがやって来る。しかし、今年は、ふだんとは違うクリスマスの祝いになるだろう。クリスマスの時にも、塹壕の中で戦闘に備えて武装したまま向かい合っている何百万という人々に、われわれの思いを馳せなければならないことであろう。さらに、父親のいないままに今クリスマスを祝わなければならない何千という家族のこと、特に父親はもう決して帰って来ないことを知っている多くの人々のことを考えないわけにはいかないであろう。われわれの喜びは、今年こそは、無邪気な、翳りのない喜びであることはできない。あまりにも多くの異常な苦痛が、われわれの心を重くしている。だから、「いと高きところには栄光、神にあれ、地には平和、御心に適う人にあれ！」（ルカ二・一四）というクリスマスのメッセージを今聞くことに、そもそも意味があるのだろうかという問い、今われわれの見ている世界の姿は、この言葉に対する嘲弄ではないのかという問いが、心に浮かぶことであろう。クリスマスは、神が無限の愛をもってわれわれを受け入れてくださったと、われわれに向かって断言する。それに対して、外で起こっているこの戦争は、神がわれわれをもうすっかり忘れられたのではないかという疑いへと誘う。「誠実になって、今年は、そして恐らく来年も、クリスマスを祝わないでいたい。こんなふうにして祝うのは、まことに偽善である」と言う人があるとしても、その気持ちはとてもよく分かる。こうした意見があれやこれやの新聞に書かれているとしても、少しも驚きはしない。キリスト教の中にあるもっとも深くかつもっとも優れたものを理解していない、けれども正直な人間には、これとは非常に違ったふうに考えたり語ったりすることはほとんどできないのである。

　しかし、今そのように語り、クリスマスを軽んじることこそ、とんでもない軽薄さというものであろう。あちらでもこちらでも、人々は戦争のために神を非難し拒否したが、それが軽薄にして倒錯したことであったのと、ちょうど同じである。神の意志は、世界のどこでも今見られるものとは真反対のものである。われわれが神に服従していたならば、今戦争は起こっていないであろう。われわれが非難しなければならないのは、われわれ自身であって、神ではない。われわれが今もう一度迎えることが許されているクリスマスの光は、神の善き意志が、われわれの常軌を逸した意志、その結果われわれが今苦しまねばならない人間的な意志よりも偉大であることを、ほかならぬそのことをわれわれに約束しているのである。

神の助けの御手は限りなし
受けたる傷のいかに大きくあろうとも。(2)

この暗黒の夜に、今泣いているすべての人のために、慰めがここにある。この愚かさと恐怖のものすごい嵐の中で、今正気を完全に失ってしまった人類を、救いが待っている。われわれはどうしてこの光を退けてよいはずがあろうか。この光はなるほどこの世の今日の状態とはまことに著しい対照をなしているけれども、まさにそうであるからこそ、今「これとは違うものが、なおそのほかに存在している！」と約束しているのだから。この暗黒の世界からの逃れの道が存在する。罪と負目と死に対する勝利が存在する。いつかは今のこの世界に勝利する真理と平和の世界が存在する。神は今もう一度、哀れな、困惑した、希望のないわれわれにクリスマスを迎えさせることによって、今日のあらゆる危急と戦慄の中から導き出して、イエスの姿を見させ、そして、われわれのあらゆる嘆息と苦情に対する答えとして、罪と苦悩に対する答えとして、次のように言われる。「見よ、わたしの僕、わたしが支える者を。わたしが選び、喜び迎える者を。彼の上にわたしの霊は置かれ、彼は国々の裁きを導き出す」。

それとも、こことは別のどこかに、答えと逃れの道を求めるべきなのであろうか。戦闘中の諸国民は、今、自分の国の軍隊の勝利を期待している。「われわれが自分たちの権利を確保し、敵を打倒すれば、すべてはよくなる。そうなれば、永続的な平和が可能であり、ヨーロッパは平穏になる」と、彼らは言う。実に多くの人々が今この待降の季節に、勝利によって達成されるはずの平和を希望している。実に多くの人々が、そのことを祈っている。あちら側でもこちら側でも、こうした希望は同じように強く、祈りも同じように熱烈である。われわれは今すでに、こう言うことができる。武器の勝利は、それがいずれの側のものになるとしても、救いをもたらすことはなく、人類を貫いている大きな悲痛に対する本当の答えではない。数千年も昔からの経験が、戦争による勝利は一方の当事者を高慢にして勝手気ままに振る舞わせ、他方を憤怒と絶望に追いやることを教えている。未だかつて、それ以外であった例《ため》しはない。高慢と絶望はしかし、必然的に、新たな諸民族と人類の罪の種子であり、そうであることによって、われわれが今体験しているのに似た、新しい神の裁きへの準備である。この戦争における勝利と敗北は、神の知恵と正義にしたがって決まるであろう。勝利と敗北は、世界史にきわめて深い影響を与え、この地上の様相を一変させるであろう。しかし、一つのことだけはできない。すなわち、勝利や敗北は、すべての人の生活を支配している危急からの、いかなる逃れの道をも示しはしないのである。いかに偉大にして完全な勝利といえども、そのために支払われた苦痛と不正を償うことはできない。そのうえ、征服された人々の屈従の上に講和条約が締結されるその日に、いつの日にか報復しようとしてなされる戦争の準備もまた、再び開始されるであろう。

他の人々は、世界的規模の革命による救いを、自分たちを戦争に引き込んだ政府に対する民衆の蜂起による救いを待望している。そのようなことが可能かどうかは、語るに値しない。確かなことは、そうなっても良くはならないし、それも今何百万という悲しみと困惑の中にある魂から天に向けてあげられている問いに対する答えにはならないだろうということである。なるほど、世界の害悪をすべて諸国の政府の責任にするのは、容易なことである。実際、どの国の政府もそうされて然るべきことをしている。それを解任するのもよいし、抹殺するのもよいが、そうしてみても国民は少しも変わらない。たとえすべての国が今日から明日にかけて別の政府と別の憲法を持ったとしても、諸国民や諸民族の間にある嫉妬と憎悪は、そのまま残るであろう。そうした情勢の変化すら、暴力と流血によってでなければ不可能であろう。戦争は戦争によって、最も忌まわしい戦争、市民戦争によって克服される他はないということになろう。だが果たして、不正から正義が生まれるであろうか。それは、悪魔をベルゼブルの力によって追い出すのと同じではないであろうか（マタイ一二・二四参照）。多くの人が希望している革命は、恐らく、小さな一時的な改良はもたらすとしても、われわれに必要な救いをもたらしはしない。革命は、あるいは状況を変えるとしても、しかし人間を変えはしないからであり、無数の悲痛と犯罪をすら巻き起こすだろうからである。

カトリックのキリスト者たちは今、諸民族と人類とはもう一度教会に服すべきであると言う。今日の不幸はローマからの離反に対する罰であり、ペトロの座から、本当の平和の言葉と力がこの世界にやって来るだろうというのである。とりわけ賢明な政治家として賞賛されている人物が、教皇になった(3)。だから、多くの人々が、そこから救いが来るのではないかと大いに期待して、彼に注目している。だが、救いはそこからは来ないであろう。歴史のさまざまな経験から、前もって今そう言ってもよい。教会は、数百年にわたって、いろいろな人々や国家に対して、今もう一度持ちたいと願っているあの権力と影響力をすでに持ってきた。しかし、教会は人々に神の平和を与えることができなかった。それは端的に言って、教会自身がそれを持っていなかったからである。教会は神の平和を恨み、憎み、支配して、金銭をしこたま掻き集めてきた。ほかのもろもろの侯国や王国と同じようにしたのである。教会は今日も、他のものと同じような、ひとつの人間的な、この世的な、政治的な形成物である。政治は、貧しい人々の助けとはならなかった。われわれには政治がいかにも過剰であり、それこそ政治によってわれわれは窒息している。この世はこの世によって救われることはあり得ない。ローマにいるあの賢い人物も、彼の練達した外交官たちも、われわれをこの暗黒から引き出すどころか、むしろ、そうでなくてもすでにわれわれがそこでひどく途方に暮れてさまよい歩いている、人間のずるさと暴虐の夜へとさらに深く引き入れるであろう。

そうではなくて、今、神ご自身がわれわれに言われる。われわれの心を正しい、真面目な、祝福されたクリスマスに向かって準備するために、この待降節の時にあたってこう言われる、「見よ、わたしの僕を！」。イエスを！　この御方が、諸国民の間に正義をもたらされる。この御方が、哀れな嘆きに満ちた世界を救われる。イエスが！　それは、どのような御方なのであろうか。彼は、決して、戦争の力ではない。彼は、地上の諸国民の何百万という兵士に対して、ただのひとりの兵士をも対置されない。近代的な武器や大砲を、驚くべきことに、「それは、何のためか」と言って、冷笑される。彼は、それについて何らの理解も示されない。戦闘は、勝ったり負けたりしている。彼は、どちらの側にもつかれない。誰をも助けられない。あちらこちらで、死にゆく人の目を閉じられ、あちらこちらで苦闘している者、苦しんでいる者の心に、素晴らしく、喜ばしく、安らかな思いを与えられる。その人がどんな軍服を着ていようが、同じことである。そして、彼は他の人たちを待っておられる。まだどのくらいの間、戦いは続くのだろうか。たとえ戦争が勝利に終わったとしても、それは彼にとってはどうでも良いことである。何を人々はそんなに喜んでいるのか、いぶかしく思われる。そのような勝利には、彼は何の関わりもないのである。イエスはまた、どんな党派でもない。いかなる党派といえども、イエスを簡単に自分たちの党の党員として煩わせることはできない。なぜなら、いかなる党派も、闘いと賢明さと優勢とによって、しばしば奸計と不正によって勝たねばならないからである。イエスは、われわれがこのような道を歩んでいるのを見ておられる――彼はわれわれを叱責されない、しかし、われわれと一緒に行くことはなさらない。選挙や投票によって勝利されない。彼の目指しておられるのは、今あるのとは違う憲法、法律、官庁を作ることではない。彼は、政治家や新聞が当てにするような権力の原動力ではない。彼らは、この御方の前でおずおずする必要は何もない。然るべき時に何事かをたくらんで、「見よ、イエスこそが、これこれの御方であり、これこれのことをなさるのだ」などと言う支持者や同志を、彼は持ってはおられない。まさにその故に、彼はもっと賢い教皇でもないのである。彼は、この世の国に並べて国を起こされない。彼は、外交官やそのほかの利口な人々と競争されない。彼にとっては、王たちや皇帝たちやその他の偉大な人物たちと良い関係を持っているか、それとも持っていないかどうかといったことは、全くどうでもよいことである。しかしまた、民衆の好意を得ようともなさらない。そうしたことに構わずに、民衆のただ中でひとりの人間として歩まれる、しかし、人間的な仕方で何ものかを獲得しようとする者として歩まれるのではないのである。神の御心にかない、神の霊が与えられていること以外には、彼には何もない。それが、すべてである。それが、彼の力である。それは、まことに微力ではないであろうか。しかも、それが、ご自身の僕として神がわれわれに示してくださった御方である。この御方が、この世をお救いになるのだろうか。

　神のこの僕がどのようなことをするのか、今それを聞くことにしよう。――「彼は叫ばず、呼ばわらず、声を巷に響かせない」。人目につかない、静かな力として、神の僕はこの世を貫いて歩む。彼は黙して己れを語ろうとせず、ただ受け入れられることのみを願う。誰に対しても自分を押しつけることをせず、人々に理解され好意をもたれるところに、ただ静かにいるだけである。彼を見ようとしない者は彼を見ず、彼に聞こうとしない者は彼の言葉を聞くことはない。彼から自分の身を引き離すのは、いとも簡単である。ひどく大騒ぎをして物議をかもし、うんとお喋りして大騒ぎしさえすれば、直ちに彼から遠く離れてしまうのである。彼は、ほかならぬ霊である。静かな魂の底以外のどこにも住いを構えない。彼は、生命、ご自身のものである生命、霊の生命を流れ出させる以外のことをしない。それが、イエス、神の僕である。それは、霊の力でしかない。しかし、彼は、この世の大国と呼ばれるものよりも、ずっと強力である。大国の軍隊よりも、ずっと強力である。大国の大砲よりも、ずっと強力である。機械装置よりも、金銭よりも、ずっと強力である。政治の最強の組織よりも、ずっと強力である。彼は、真理の霊である。イエスは、われわれすべての者の上に、一人ひとりの上に御父がおられること、したがって、われわれは皆兄弟であるという真理を発見されなかったであろうか。それこそが、端的に真理であって、人間が考え、もくろみ、また実行するその他のことはすべて、これに比べれば虚偽である。人々はいつまでも、「この世は心配と不愉快と涙の世であって、それ以外ではあり得ない」と考えたり言ったりするかもしれない――けれども、それは端的に真理ではない。御父がこの世を支配しておられ、ご自身の子らをひとり残らず御手の内に保っておられるのだから。人々はいつまでも、「われわれは不法行為をしなければならない。必要の前には法はない[4]」と言うかもしれない――それは真実ではない。虚偽である。御父の前には「あなたは御父に従わねばならない」という唯一の「ねばならない」しか存在しないことを、あなたは知っている。人々はいつまでも、互いに滅ぼし合い、苦しめ合い、嫌がらせをし合うかもしれないが、そうした生活は非真理であって、われわれは皆兄弟であることを、よく知っている。イエスは、ご自身のもたらされるものの故に、ご自身に対立するいかなるものよりも強力である。大資本も階級憎悪も、頭目どもの権力欲と彼らの四二センチ砲も、もし彼、真理の御霊がそこにいますならば、たちまちにして崩壊し、四分五裂する。しかし、彼はこの福音を全世界に向かって大声で叫ばれず、その声は巷に響かない。だが、彼は確かに自分がより強力な者であることを知っておられる。彼のいますところ、そこに、神の御心にかなう喜びがある。そこに、この世の争乱のただ中にある静かな平和がある。そこに、すべてのものが浮き沈みするところでも安全な場所がある。そこに、苦悩のただ中にある大いなる喜びがある。

　ところで、イエスは、この世のどこでも自らの静かな道を歩んで行かれる。あちらで戸を叩き、またこちらで戸を叩かれる。この世が為すことよりももっと良いものを求める人々を捜し出される。人々が彼を未だ理解せず、彼から何も所望しないところでは、悲しみながら、しかし落ち着いてさらに進んで歩いて行かれる。「きょう、わたしの家に救いが来た」（ルカ一九・九参照）と、歓喜してイエスに答え、そして、イエスを自らの生の王として受け入れる人を見つけると、喜ばれる。排除されている者[5]や軽視されている者、侮辱されている者やのけものにされている者たちの誰かがイエスに気づき、そしてその人が真理を認識する時にこそ、いたく喜ばれる。彼のもっとも良き友は、こうした人々、少数派、迷惑がられている者、いわゆる「健全な良識」のない人たちである。彼はこのように静かにこの世を歩き回って友を探しながら、待つことを知っておられる。急がれない。未成熟な果実を求められない。それだからこそ、何人にも圧力をかけて、その人の心をかき乱すことはなさらない。イエスを要らないと思う人があるとすれば、その人はまだそこまで成熟していないのである。生活の状態がどこかで荒廃し、ゆがんでいるとしたら、まだ神の力によって変えられるべき時が来ていないのである。それはすぐにも来るだろう。しかし、待たねばならない。真理に関わることは、偉大にして聖なる事柄であって、それを暴力によって樹立しようとするならば、それこそひどく損なわれてしまうことを、彼は知っておられる。それは、成長しなければならない。それは、まず魂の中に生まれ、そして大きくなり、それにふさわしく認められ、その結果、端的に、単純かつ明瞭に、そこに存在するのでなければならない。いつか真理があらゆる虚偽を飲み尽くしてしまうまで、そうでなければならない。そのようにして、イエスは活動される。そのようにして、彼はクリスマスに、静かな人として、われわれの前に登場しようとしておられる。われわれにもっとも大いなることを語ることのできるあの御方が、物静かな人として、最も強力なメッセージを告げることのできるあの御方が、謙虚な人として、自ら真理の霊であり給うがゆえに最強の御方が、登場しようとしておられる。「彼は叫ばず、呼ばわらず、声を巷に響かせない」。われわれはこの御方をよく理解して、受け入れるであろうか。「傷ついた葦を折ることなく、暗くなってゆく灯心を消すこともない」。イエスは憎悪や闘争や破壊の力ではない。建設と慰め、結合と癒しの力、交わりの力である。イエスは、われわれがどのようにし、それから何を仕上げるか、じっと見ておられる。イエスは、われわれがいかなる立場や意見を持っているか、どのように語り、どのように自分の権利を守ろうとして、ちょっとばかり性格の違う、ちょっとばかり関心の違うあの人やこの人と、いかにひどくきっぱりと別れていくか、見ておられる。われわれが兄弟姉妹について自分が抱いている剃刀のように鋭い判定を持ち歩くさまを、時にはそれを自分の内に静かに隠して、ただひそかに自分自身の中でその判定の害毒に満ちた業を行ない、時には実に巧みにそれをちらつかせて、あちらでは傷をたたき、こちらでは破滅の淵を大きく開き、またあちらでは隔ての壁を打ち立てるさまを、イエスは見ておられる。われわれがお互いにいかに冷酷であって、いつでも自分たちが正しいと主張し、互いに苛《さいな》め合い責め合っているか、お互いに対して正真正銘の小悪魔となり、互いにそうしたことを繰り返して、いつも新しい複雑な難題や厭なことを――悪意からではなく、もちろん、そんなことがあってはならないのだが、そうではなく、ただ正義の故に――お互いの頭に投げつけ合っているか、イエスはわれわれをじっと見て、そこから何が生じるか見ておられる。そのために午前中にあるいは昼下がりに出会う巷の人々に手をやいている――しかも正義からなされるという――あの小さな意地悪から、人類の半分がただ正義の故にそれに巻き込まれている世界大戦に至るまで、彼は見ておられる。彼は、その故をもって、われわれをきつく叱られたりはしない。しかし、彼は、それをまるで違ったふうになさって、われわれがそれに気づき、われわれもまた違ったふうにするまで、待っておられる。彼は、われわれの持つ思い違いの正義の背後に潜んでいる利己心から、この世に出て行かれるのではない。彼は、神の愛から来ておられるのである。

そしてその故に、彼にとっては、人間が――同じ人間が――われわれにとってそうであるのとは全く別の存在である。イエスは、何よりも先に、人間の愚かさや弱さや誤りを見ることをなさらない。人間は誤り得るし、また、それをあげつらうことはできるにも拘わらず、決してそうはなさらない。確かに、どんな人間にもそうしたことは一杯ある。しかし、イエスは、われわれならそうするように強くは、それらのことに関心を持たれない。彼は、すべての人間の内に病んでいる者を、傷ついた葦を、暗くなってゆく灯心を見ておられる。彼らの内に、どの人間の内にも、もっと高尚で上等なものが息づいていることを御存知である。彼らの中では、勇士は捕らわれ、優美なる女王は捕縛されている。いかにも、彼らは捕らわれており、病んでいる。彼らは、ひどく苦しみ悩みながら生きている。まことに痛ましいことに、彼らの内にある「より良いもの」はほとんど気づかれず、自らの内に次第に累積された多くのものによって完全に窒息し、ほとんど息も絶えなんとしている。われわれが好んでそうするように、もし誰かに荒っぽい態度を取って、彼の立場をはっきりさせることをひとたび始めたら、その人に何ほどのものが残るであろうか。「君には、信仰も愛も希望もない」と最終的にはきわめて明瞭に実証することができないような人が、一人でもいるであろうか。トゥールガウやバーゼルやアールガウの人々、イギリス人、フランス人、そしてドイツ人たちに対して、ひとたびその国家の過ちを数え上げ始めたら、それこそこれら諸国民はどのような姿で立ち尽くさねばならないことであろうか！　ひとたび判決を下そうとし始めたら、きりはない。イエスは、判決を下そうとはなさらない。誰かを指さして、なじりながら、「君はこれこれの人間だ」と言うことは、その人にほんの少しの喜びも与えない。

イエスは、神の愛から来ておられる。その故に、彼は弱い者をいたわり、病める者を癒し、引き裂かれた者を結びつけ、意気阻喪している者を奮い立たせようとなさる。どの人に対しても優しい言葉を語り、彼らをもっとよくするために慈しみ深く、彼らが根本的には悪くはなく、みんな神の子たちであると信頼し、そう信じていることを彼らに示し、彼らに対する神の怒りではなく、彼らが今はほとんど考えもしない御父の思いを提示される。永遠から彼らの小さい悩みに満ちた生活へと到る、橋を架けられる。争う者たちの手を取って、互いに結ばせ、そして、あなたがたは兄弟であると言われる。このようにして、イエスはこの世の中を歩んで行かれる。神の愛の勇士として、ただそのような者として。兵器が互いに対して火を噴き合い、ただ悪しき敵意に満ちた人間の思いがお互いを訴え、訴える以外のことは何もしようとしないこの世に属することは、彼には似合わない。各自が、どんな犠牲を払ってでも、自分が正しいと言い張るような世界に属することは、彼には似合わない。「なんと実際的でないことか！　神の愛は！　だが、この世ではわれわれは自分が正しく、判定を下し、闘わねばならない」と言っても、べつに構わない。しかしそうであっても、なおいつまでわれわれが実際的であり、己が道を行こうとするか、彼は待っておられる。気短なわれわれに対して、忍耐しておられる。闘争好きなわれわれと争われない。憐れむことを知らないわれわれに対して、憐れみに満ちておられる。いずれにしても、彼がわれわれによって惑わされないことは、確かである。彼は、いつまでも自分自身であり続けられる。そしてそれだから、「傷ついた葦を折ることなく、暗くなってゆく灯心を消すことなく」、このクリスマスにも、われわれのところを訪ねられるであろう。われわれが自分のちっぽけな穴と袋小路からひょっとして出て来る気にならないかどうか、イエスとともに、神の愛によって、この世を渡って行く気にならないかどうか、待っておられる。

そして――「彼は、暗くなることも、傷つき果てることもない。この地に裁きを置くときまでは」。われわれをイエスから区別しているところの最大のものは、次のようなことである。すなわち、非情にがなり立てるわれわれ人間は、すぐに疲れてしまう。われわれは、しばらくの間は騒ぎ立て、また熱中する。しばらくの間は、突進する。自分たちの企画や感動的な事柄の中に深く巻き込まれる。だが、突然、疲労に襲われる。いったい、どうしてそうなるのだろうか。われわれが事を始める時にはいつでも、世の終わりまで突き進もうとしているように見えるかもしれない。われわれは、まことに確固として足を踏み出す。非常にすばらしい言葉を語る。とても抵抗できないような仕方で、そのようにする。だが、やがていつの日か、われわれは挫折する。嫌気がさしてくる。「もうこれ以上は駄目だ」と、ひとりごとを言う。止めるための立派な口実を探して、それを見つける。われわれの大きな叫び声や判定や闘争はみんな、最後はこのようになる。遅かれ早かれ、そうなるのである。他者に対する反論と判定のただ中で、大変な疲労が自分を襲うのに、あなたはまだ一度も気づかなかっただろうか。ああ、「何をするのもうんざりだ！」[6]。もう十分、十分、十分に語った。もう何もしたくはない。生死に関わるとも思えた極めて重大な争いも騒動も、何としばしば失敗に終わったことであろうか。もう、何もかも沢山だ。そうだ、どうしていったい争ったりしなければならなかったのか！

フランスやベルギーやポーランドにあるすべての塹壕にクリスマス・イヴが訪れるとすれば、どうなるであろうか。その時には、そこでもクリスマスが祝われ、その夜の間、互いに敵をゆっくり休ませ、恐らくその上、友人としてのさまざまな挨拶が互いに交わされたといった種類の小さい素晴らしい話が聞かれることであろう。どうして、そうではないであろうか。一八七〇年に(7)、いくつものこの種の感動的な動きが生じた。しかし、あの時には、このとおりにはならず、クリスマスの祝いを思うにあたって、限りない精神的疲労が、「もういい、もういい、こんな殺戮はもう十分だ。これ以上したくない！」という感情が、すべての戦士たちを襲ったのである。おお、そうだ、すべての人、ほとんどすべての人が、クリスマスの夜にそのように感じるであろう。家で、暖かい暖炉に向かって座っていて、今は憎悪と興奮の火にいくら油を注いでも満足できないほど戦争に熱心な人々でさえも、そのように感じるであろう。われわれの人間的な策謀はすべて、いつかは底知れぬ倦怠に終わるほかはない。それはすべて、それ自身のせいで破滅する。それはすべて、結局は藪の中で見失われる迷路であって、もうそれ以上は一歩も先に進むことができない。

イエスは、さらに進んで行かれる。彼、あの静かな人が。彼、あの愛の非実際的な人が。彼が永遠の御父から与えられてご自身の内に持っておられるものは、嫌気からくる「もう十分だ！」

に終わらない。それは失敗に終わらず、「もっともっと！　さらにさらに！」と叫ぶ。イエスの福音の中には、とてつもない無敵の力と粘りがある。人間は行ったり来たり、始めたりまた止めたりする。この世の富者は身を起こして強くかつ有力になり、そして病み始めて死んでいく。人間的な熱心、人間的な感動、人間的な愛と希望は、突然燃え盛り、また再び、その初めと同じように急に、萎えていく。真理の霊は、しかし、幾千歳を経てもなお真理の霊であり、愛は決して滅びない（Ⅰコリント一三・八）。これらの暴力があらゆる苦難と罪を通していかに猛威を奮い、いつもいつも自己を主張し、いつもいつも実在し、いつもいつも人間に対して自らの権利をいよいよ強力に主張する様子を見ていると、人間の歴史はある強力な手によって導かれ支配されているかのような印象を受ける。世界に対する神の優越性は、人知れぬもののような印象を受けるのである。恐らく、時にはまた困惑し、暗い気持ちになるかもしれない。しかし、イエスの歩みは決して妨げられることはない。神の僕はいつまでも働く、「この地に裁きを置くときまでは」。それまでは、彼は倦むことなく、挫折することもない。彼に敵するものは何もない。それだから、彼は待つことができ、静かにしていることができる。それだから、いつまでも極めて忍耐深く、優しくあることができる。彼は、勝利を確信している。彼は、新しい世界を建設するであろう。

そのようにして、彼はクリスマスの時にわれわれのところを訪れられる。待降節！　アーメン、主イエスよ、来てください（黙示録二二・二〇）！　どうして、この年にクリスマスを祝ってはならないだろうか。逆である！　この年こそ、本当に沢山の人々が、なぜクリスマスを祝うのか、初めて知ることであろう。本当に多くの人々が、危急と罪の中から、静かに優しく平和の国をわれわれにもたらすあの御方に向かって目をあげ、その御方を認識するだろう。

アーメン。

注1　礼拝において歌われた讃美歌として、原稿には、M・シルマー（Schirmer, 1606–1673）の作になる讃美歌第八九番「いざこぞりて、喜び歌え、汝ら信仰者よ……」、第一節と二節、および三—五節（ドイツ福音主義教会讃美歌第七番、第一節と三節、および四—六節）が記入されている。

2　M・ルター（Luther, 1483–1546）の作になる讃美歌第二一四番（ドイツ福音主義教会讃美歌第一九五番）「深き淵より、われ汝に呼ばわる……」、第五節よりの引用（日本基督教団讃美歌委員会編『讃美歌』第二五八番、『讃美歌21』第一六〇番参照）。

3　教皇ベネディクトゥス十五世（一九一四—一九二二年）を指している。

4　一九一四年一〇月二五日の説教（『カール・バルト説教選集』第五巻、日本キリスト教団出版局、一九九二年、一三七頁以下所収）参照。

5　原稿には verschüpft と書かれている。beiseite gestoßen と同じ意味である。

6　J・W・v・ゲーテ（Goethe）の詩、「旅びとの夜の歌」I（一七七六年）よりの引用（人文書院版『ゲーテ全集』第一巻、六八頁参照。ただし、聚英閣版『ゲーテ全集』第一巻、一一五頁の訳のほうが原文の直訳である）。

7　この年、独仏戦争が起こった。

（大崎節郎訳、五巻・205―219頁）

解説

カール・バルト（一八八六―一九六八）は一九〇九年八月一八日マールブルクを去り、ベルリン、テュービンゲン、そしてマールブルクとつづいたドイツ諸大学での神学研鑽の時を終えてスイスに帰ってきた。最初の任地はジュネーヴ。州教会所属のドイツ語教会副牧師を約一年九か月つとめた。その最後の説教（一九一一年六月二五日、聖書箇所はマタイ一〇・二六―二七）で彼は次の任地への期待を次のように述べた、「お互いの無関心と至高の存在に対する無関心とから、相互の、また共同の探求が生まれるにちがいない。今のところはまだ頭の中で考えられただけのもの、紙上のプランでしかないもの、すなわちキリスト教の共同体〔教会〕が、本当に成立するにちがいない……」（E・ブッシュ『カール・バルトの生涯』小川圭治訳、以下ブッシュ『生涯』）。次の一〇年バルトは農民と労働者の村、アールガウ州ザーフェンヴィル〔現地の発音はサーフェンヴィル〕の牧師としてキリスト教共同体の本当の成立に全力を注ぐことになる。ザーフェンヴィルの牧師館に引っ越してきたのは一九一一年七月三日。次の日曜日七月九日に最初の説教（聖書箇所はヨハネ一四・二四）が行われ、午後父フリッツの司式によって任職式が執り行われた。

この時代をふりかえってバルトは「私の教会で具体的に目の当たりにした階級対立において、たしかにはじめて私は現実の生活の現実の問題に触れたのである。その結果、私の神学の仕事は……数年の間、説教と堅信礼教育のともあれ非常に入念な準備だけになった。他方で私の本来の研究というべきものは、工場法制定、保険制度、労働組合の知識等々にむけられて……」（一九二七年、ミュンスター大学に提出した自伝的文書より）と書いている。ここに挙げられている説教、堅信礼教育、労働組合運動との関わり、この三つがザーフェンヴィル時代をとおして牧師バルトの打ち込んだ主要な活動であった。この中で、とり分け説教との真剣な取り組みの中から、二十世紀神学の新たな地平が開かれてきたのである。

ザーフェンヴィルに赴任して四年目、一九一四年は、彼に大きな転換をもたらす年となった。その引き金となった出来事は、いうまでもなくその年の夏の第一次大戦の勃発であった。次のようなよく知られた回想が残されている。「一九一四年、全世界が戦争の勃発によって動乱していた時、わたしは、この戦争のことを自分のどの説教においても猛烈に語らなければならない、と思っていた。そしてついに、ひとりの婦人がわたしのところに来て、このような恐ろしい戦争についてとは別の何かについて一度語ることを、わたしに願い出るほどであった。……テキストの下に服従することが、ここでは恥ずべきことに忘れられていたのである」（バルト『説教の本質と実際』小坂宣雄訳）。

これを説教で確認すると、七月二六日の説教に「戦争」がはじめて現れ、八月二日からの説教を規定しはじめる。この時期のバルトはテキストを、主な祝日以外教会暦の聖書日課にはしたがわず、連続講解説教の方式もとらず、自由に選択していた。戦争説教群というべきものは一一月一日の宗教改革記念礼拝あたりで終わる。もう一度聖書に立ち返る時が来たとも語っている。しかしこれがじっさい果たされるのは本書に収録した第一アドベントの説教からである。この年のアドベント、彼は第二イザヤを集中して取り上げた（四二・一―四、四二・二四―四三・一、五二・七―九、五四・九―一〇）。今「クリスマスの時にも、塹壕の中で戦闘に備えて武装したまま向かい合っている何百万という人々」（本書10頁）がいる、そのような中でしかし、「……クリスマスの光は、神の善き意志が、われわれの常軌を逸した意志、その結果われわれが今苦しまねばならない人間的な意志よりも偉大であることを、ほかならぬそのことをわれわれに約束しているのである」（本書12頁）。聖書に立ち返り、落ち着いてイエスを待とうとバルトは呼びかけた。

ヤコブ五・七―八による説教

一九二一年一二月一一日、待降節第三主日、ゲッティンゲン改革派教会

兄弟たち、主が来られるときまで忍耐しなさい。農夫は、秋の雨と春の雨が降るまで忍耐しながら、大地の尊い実りを待つのです。あなたがたも忍耐しなさい。心を固く保ちなさい。主が来られる時が迫っているからです。

愛する友よ！
私たちがたった今聞いた言葉は、悲しみにくれた重い心に向かって語られています。心に悲し

く重い感じを持てば持つほど、あらゆる面から圧迫されればされるほど、どうして良いか分からなければ分からないほど、それだけ一層、これは私たちについて語られているのです！　私たちがしっかりしていて、まだ高揚した気分でいる間は、それを聞くことはできません。というのは、そこで語られていることは、唯一のことであろうとし、私たちを要求しようとし、それと並ぶ他のことは何一つ認めようとしない一つのことだからです。すなわち、王が来られる！　それゆえに、それを聞くことができるのは、もはやそれと並ぶものを何一つ聞くことができない人々、彼らにとって他のすべては取り去られ破壊されており、今はただ一つのことを待つしかないという人々だけです。私たちはみな、はるか下の方に立ってひどく困惑し、心を重くさせられているということ。黙り込んで、「これはほとんど自分の状態だ！」と思っているということ。これが私たちの、今日の時代の特別な状況です。ただ、「ほとんど」で、「全く」ではないのでしょうか？ああ、やはり「ほとんど」に過ぎないのです！　というのは、そこにはまだ最後の錠がかけられていて、それが私たちを引き止めており、その結果私たちはまだ全面的にこの状態にあるわけではないからです。もしそうであるなら、私たちは自らの悲しみや苦境の中でも歓呼の声をあげるでしょう。ほとんどすべての人間がこの地点に近くあるということがまた、私たちの時代の苦境なのです。街頭で最初に出会う身なりの良い人に、「あなたも、大きな重荷、大きな苦しみ、私たち皆が苦しめられているあの大問題についてご存知でしょう？」と語りかけたとしても、確かに今日では間違いとは言えない。このことが私たちの時代の苦境です。このすべてが、さまざまな人において、ある人の場合は日ごとのパンの心配、他の人の場合は祖国の絶望的な状態をめぐる心労、第三の人の場合は彼を駆り立てる精神的葛藤というようにさまざまな名を持っているにせよ、私たち皆に欠けていて全員が慕い求めているのは、やはりあの一つのことです。そして、皆が同じ場所で苦しんでおり、根本的には同じ方向に向かって希望を抱いているが故に、私たちは皆、知らず知らず、その場所に極めて近く立っているのです。それは、私たちがお互いを全く知らず、理解できず、そしておそらく全く愛することができないとしても、非常に深い交わりの中にあるような場所です。それは、私たちが知り・考え・感じるところを遥かに超えて広がっている交わりであり、ここでのあらゆる交わりとは全く別の交わりです。そこへ向かって駆り立てるこの一つのことが私たちに明らかになればなるほど、そして、この一つのことが一、つ、の、こ、と、として自らを啓示すればするほど、私たちは最大の名以外の小さな名をそれに与えることはできません。その時、高らかに歓呼させて下さる方が、私たちに向かって反対側から来られます。降誕祭の奇跡、イエス・キリストです。「主が来られる時が迫っている」。神の啓示、イエス・キリストにおいて神を認識する瞬間が、ドアを叩きます。まず私たちの時代の中で、ということでしょうか？　違います。しかし私たちは、すべての時の意味である主の到来がこれほど明らかになるような時代に生きていることを喜びましょう。「人々は、この世界に何が起こるのかとおびえ、恐ろしさのあまり気を失うだろう。天体が揺り動かされるからである。そのとき、人の子が大いなる力と栄光を帯びて雲に乗って来るのを、人々は見る。このようなことが起こり始めたら、身を起こして頭を上げなさい。あなたがたの解放の時が近いからだ！」（ルカ二一・二六―二八）。「このようなことが起こり始めたら！」私たちはほとんど主の到来についての偉大なアドベントの言葉を聞く状態にあるのではないでしょうか？　あるいは、私たちはまだ十分に悲しんでおらず、心を重くされてもいないということなのでしょうか？「愛する兄弟たち、あなたがたも忍耐しなさい！」

あなたは多分、「自分はもう長いこと忍耐してきた、自分は長いこと問いかつ担い、もう長いこと自分を苦しめる問題と取り組んでいる――しかし、そんなことが何の助けになるか？」と言うでしょう。決して良くはならない。悪くなるばかりだ。百回目もまた、「忍耐しなさい」という言葉を聞かねばならないのか？――そうです。あなたは確かに長いこと忍耐してきたかもしれない。だったら、喜びなさい。あなたには天で報いがある（マタイ五・一二参照）。しかし、あなたがそのことを知っているのなら、この求めは百回目に聞いたとしても、私たち人間にとって最初の時と同じように新鮮である、ということも知るべきでしょう。その時こそ、あなたは知るのです。忍耐は神から来るのであり、人は常にそれを受けることができるだけだ、ということを。私たちは、各瞬間に新しく忍耐しなければなりません。あなたは恐らくまだ忍耐深くないのです。忍耐は何か特別なものです。というのは、忍耐とは、実は、単に少しばかり自分の状態に我慢できるとか、少しはましな時を待ち望むことができる、といったことではないからです。このような忍耐は、隠された焦燥、鎖につながれた焦燥に過ぎません。あなたは自分の状態から抜け出て、あなたが夢見るいくらかましな時の中へ入って行くことだけを願っている。ところが、あなたにはそれが出来ない。出来ないということが分かっているので、現状を甘受する。これがあなたの忍耐です。しかし、これは隠された焦りです。私たちの最深の本質は隠された焦りであるということを、私たちは白状しなければなりません。いや、もっと正直にならなければなりません。それを忍耐と名づける必要はないのです。これは、まだ閉ざされた錠、私たちをあの最も深い場所から切り離している錠なのです。最も深い場所とは、私たちが恐らくもう自分たちの状況と折り合うことが出来ないような場所であり、より良い時を期待することなどもはや出来ないような場所です。しかし、そこでは多分、降誕祭、つまり主の将来（Zukunft）の光の中に立って喜びの叫びを挙げることが許されている。そこに到達した人が、忍耐強いのです。

忍耐とは何かをお聞きなさい。「農夫は、秋の雨と春の雨が降るまで忍耐しながら、大地の尊い実りを待つのです」。農夫は単に待つだけではありません。彼は、自分が何を待ち、そして何故待っているかを知っています。彼は、すべてはそうでなければならないという必然性について知っており、見渡す限り褐色の農地がまだ実りを生じないということを知っています。しかし彼は、今あるものが終わりではないだろうということも知っていますし、収穫の時が来るということも知っています。彼がそれを知っているということ。これが彼の忍耐なのです。そうです。終わりが収穫という目標であることを私が知っていたなら！　私たちが忍耐強くあり得るのは、農夫のように、自分たちが今その下にあり、これからもあるであろうその必然性について知っている時だけです。私たちが忍耐強くあり得るのは、主の将来を視野に入れている時だけです。それは自然の経過のように何か必然的なもの、あるいは、全く別の必然です。自然の経過は、一つの比喩に過ぎません。しかし、主の将来は全く確実なもの、無条件に必然的なものです。もし私たちが主の将来を知り、そしてそれをわきまえているならば、私たちの苦境や憂慮の中で問題は結局このことなのですが、その時こそ、私たちが今その中にあるところの焦燥の痙攣は解消します。その時こそ、私たちは忍耐強くなることが出来ます。イエス・キリストを待つ時、その時こそ私たちは自分たちの現在の状況を理解するのです。問題は、嘆きと苦痛のもとにあるこの世界が過ぎ去り、そして新しい世界・新しい人類になる、ということに関しています。圧迫され、すべての面から苦しめられて、たった独りで立っていればいるほど、それだけ一層明らかに私たちは知ります。イエス・キリストは近い！　ということを。しかし、イエス・キリストを待つ場合、それが時の流れのように長くかかるということを私たちは知っています。というのは、イエス・キリストと彼の到来が時の終わりだからです。それゆえに、いかなる時も私たちを彼の到来から切り離すことは出来ません。イエス・キリストを待っているなら、そのとき私たちは終わりが近いということを知ります。というのは、この終わりこそは始まり、すなわち、神における新しい人間の誕生であり、御父によって私たちのために確保されている永遠の御国の到来と創設だからです。このように、イエス・キリストが来られるということを承認するならば、私たちは自然の必然性とは全く別の必然性によってあらゆる面から囲まれます。その時、私たちの憂慮は意味を持ってきます。その時、私たちの問いや労苦は意味を持ってきます。その時、私たちが希望するということに目標ができます。その時、人が私たちに「忍耐強くあれ！」と呼びかけても、それは単に敬虔な道徳的箴言に過ぎないのではない。その時には、私たちが忍耐強くあるということは、自然なこと・自明のことなのです。その時には各自が他の人に向かって、愛する兄弟たちよ、忍耐強くあれ！　と言うことを許されるし、また、そう言わねばなりません。他に何があるでしょうか？

だが、これは本当に何か特別なことです。どんな人も立ち上がって「ああ、その忍耐なら私はずっとしています！」などと言うことはできません。人はこの学校ではいつも最年少のクラスの椅子に座ることしかできないということ、この始まりは常に新しい始まりによって引き継がれるしかない、ということを彼は知るべきです。この忍耐を、自分で自らのものにすることはできません。人はただ、それを神から受けることができるだけです。神が、苦難の中でそれを私たちに与えるのです。私たちについてもそうではないでしょうか。私たちは、自分たちの忍耐強くない本質を不可能なものとするところの忍耐を、もうじき手に入れるところまで来ているのではないでしょうか？「イエスが来る」ということがそれではないか？　すべてにおいて言われていることはそれであり、それこそが問題なのであって、私たちはそれを待っているのです。それがあるゆえに、私たちは忍耐強くなければなりません。また、それはできる。そうありたいという意志も生まれるのです。忍耐強くあるということは、広い心を持つということです。そして、それを持つのは、私たちの心の中に「イエス・キリストが来る」という真実が明るく姿を現すときです。イエス・キリストは、私たちが、自分たちの心が打ちひしがれているということ以外の何も知らないようなとき、正にそのようなときに来て、私たちの心を明るくして下さいます。これは注目すべきことです。これこそ、私たちすべての者において解除されなければならぬ最後の錠なのです。はっきり自覚しなければなりません。私たちは自分で自分を助けることはできません。自分たちの状況と折り合うことも、より良い時を希望することも自分ではできません。どうしてそんなことができましょう？　私たちにできることは、ただ失われることだけです。私たちは、自分たちの絶望や熱狂によって主の到来を強要することはできません。最後の問いに対しては、強要できることは何一つない。ただ、神ご自身がイエス・キリストにおいて与えられる答えがあるだけです。まさに、私たちに置かれているこの障壁を、私たちは認識しなければならない。それ以上のことはできないし、私たちには単純さが命じられているということです。それが神のみ手です。彼は私たちを彼のみ手に引き受けて下さいます。それは固い手ですが、しかし、彼のみ手です。そしてそれが、私たちを満足させます。彼を神として認識しなければならないところで、私たちは彼に栄光を帰しましょう。そうするときに、私たちには次のことが見えてくるのです。すなわち、私たちをそこで保ち、制御し、引き止めるものは、私たちを救うために差し伸べられた彼の力であり、彼の愛であり、彼の助けであり、彼の生けるみ腕である、ということです。誰もが私たちを見殺しにするときでも、彼は私たちを見殺しにはしません。ここにイエス・キリストがいる。彼を本当に見出した者たちは皆、ここで彼を見出したのです。私たちが今、ここで彼を見出したと言うことができるなら、そのとき、私たちは暗い家畜小屋の中の彼の飼い葉桶の前に立つことになるでしょう。そこで私たちは皆、共に「アーメン、主イエスよ、来て下さい」（黙示録二二・二〇）と呼ばわることができるでしょう。そうなったときに、私たちは既に忍耐強くなっており、既に広く・大きな心を持っているのであり、ため息を吐きながらも既に幸せであり、苦しめられていながら確保され、囚われの身でありながら自由であり、死につつあるようでありながら、見よ、生きているのです（Ⅱコリント六・九参照）！　その時には、もう待降節の時ではなく、降誕祭の時が来たのです。ですから私たちは、そそっかしく「あそこに立っている」と言わないようにしましょう。いいえ、私たちは、あそこに立っているのではありません。私たちは自分から救い主を捕まえて私たちの方へ引っ張ってくることはできません。彼が私たちに示されねばならず、私たちの方に来なければなりません。しかし、もう一度〔問いましょう〕。彼は私たちの所へ来なかったでしょうか？　彼は私たちの方へ向かって来ないでしょうか？　私たちは、まだ何を言うべきであり、なすべきなのでしょうか？　私たちは取り掛かり、「あらゆる手段が黙っている場合も、あなたの助けが始まっている」（讃美歌の歌詞）ところへ向かって歩み始めませんか？

そのときに私たちは彼の交わりの中に入るのです。私たちを深くそこへ導いていく歩み——それを私たちは誠実な謙遜・悔い改め・認識・信仰・愛・希望（Ⅱコリント一三・一三参照）の歩みと名づけたいのですが――そのような歩みを皆で進めませんか？　他には何も残っていないという自覚がいくらか私たちの中に起こり、そしてそのことを見る時、私たちはお互いに次のように言うことが許されます。そしてそれは、最も打ちひしがれた者たちにとっても敬虔な言葉以上のものなのです。「主において常に喜びなさい。重ねて言います。喜びなさい。あなたがたの広い心がすべての人に知られるようになさい。主は近い！」（フィリピ四・四以下）。

（村上伸訳、一七巻・15―22頁）

45　ヤコブ5:7–8による説教

解説

一九二一年一〇月九日バルトはザーフェンヴィルでの最後の説教（聖書箇所は第一ペトロ一・二四―二五）を終え、一〇月一三日に家族とともにドイツのゲッティンゲンに向けて出発した。アメリカの長老派教会の援助によってゲッティンゲン大学に新設された改革派神学講座の教授のポストにつくためである。一一月第二週にはじめて大学の講壇に立った。後にバルトとの間で神学上、政治上鋭い緊張が生じることになるルター派の神学者エマヌエル・ヒルシュも同じ時ゲッティンゲンに移ってきた。一九三五年六月にドイツを追われるまで、一四年間、ゲッティンゲン、ミュンスター、そしてボンとドイツ大学の神学教授をつとめ、弁証法神学の成立・発展、反ナチ教会闘争と告白教会の形成など、まさに激動の歳月をバルトは経験する。

教会の説教壇から大学の講壇へと変わったことで、バルトは突然「説教者」から「説教の聴聞者」となった。毎週説教することはなくなった。ゲッティンゲンに移って一か月たった一一月二七日のトゥルンアイゼン宛ての私信では日曜日の朝の安眠にも言及している。小川圭治編『カール・バルト説教目録』によれば彼の生涯説教は全部で七七二数えられているが、そのうちドイツ教授時代は九三、ゲッティンゲン時代は一九である。毎週の説教からは解放されたが、バルトは折に触れて説教者として招かれた。とくに支障のないかぎり彼は快くこれに応じた。こうしたことは逆にバルトに、説教者の置かれた「本来の困惑」「危急」への省察をうながすことになり（『キリスト教宣教の危急と約束』一九二二年、『神学の課題としての神の言葉』一九二二年）、弁証法神学成立の機縁となったことはよく知られている。

ここに掲載したのは、一九二一年一二月一一日、第三アドベントにゲッティンゲンの改革派教会でおこなわれた、当地に来てはじめての説教であった――ゲッティンゲンの改革派教会はゲッティンゲン大学の設置とともにこの地にやってきた改革派の人々によって一七五三年に設立された。町の中心部に位置し、大学にも近く、昔からの優美な礼拝堂をもつ教会。バルトはその日の回状に次のように記して送付した。「教会にはたくさんの人が集まっていた。おそらくほとんど半分は学生。ミルプト、ヒルシュ、そして若いドゥームなどが私から見えた。要するにゲッティンゲンで説教することは、素朴なザーフェンヴィルの人々の前でするのとは、非常に違ったことなのだ」（一九二一年一二月一一日回状）。学生のほかに神学部の同僚たちも聞いていた。

バルトはこの説教で次のように語っている、「忍耐強くあるということは、広い心を持つということです。そして、それを持つのは、私たちの心の中に『イエス・キリストが来る』という真実が明るく姿を現すときです。イエス・キリストは、私たちが、自分たちの心が打ちひしがれているということ以外の何も知らないようなとき、正にそのようなときに来て、私たちの心を明るくして下さいます」（本書41頁）と。バルトは聴衆の「悲しみにくれた重い心」（讃美歌の歌詞からの引用）に触れる。またパンの心配であったり、あるいは敗戦後の国民の絶望的な思いであったり、あるいはそれを抜け出そうとしてもがく精神的葛藤だったり、等しく直面する時代の苦境を描き出すことから説教をはじめて、敗戦後のドイツ国民の思いを聖書の言葉の中にみごとに引き入れた。ザーフェンヴィル時代とははっきり調子が違って、福音の事柄に肉薄しつつ簡潔に語る新しい説教者バルトの誕生を告げる説教といってよいであろう。

最後の問いと答え

一九三八年一二月二五日、『スイス日曜新聞』クリスマス号

クリスマスにあたって、『スイス日曜新聞』がクリスマスそのものについて、はっきりとした言葉《メッセージ》なしで出すわけにはいかないと言ってきた。それはまことにもっともで、事理にかなったことである。新聞トップの新聞紙名のところで、「日曜」という言葉が、ともかくかなり大きなものとして、いや二倍に強調されて読まれなければならないのである――私がそう思っても、よもや間違いではあるまい。いや間違いなく、この日曜という言葉によってこの新聞は、政治的新聞として伝えなければならない週日の出来事の中にはさまって、何か特に日曜日のことを言いたい

のである。それは明らかに次のことと関係がある。この新聞のこれまでのバック・ナンバーの中で、多くの他のことと並んで、おかしな社会の中で、部分的にではあるが、いつも繰り返し教会についても、教会の使信についても語ってきた。そのことで腹を立てた人びともいよう。きっと多くの人は、自分たちがそれでさまたげられたり、退屈したりする、という理由から、腹を立てている。つまりこの新聞を購読しているのは、政治的な洞察・報道・呼びかけなどのためであって、そのまん中にあって、突然、いろいろ「信仰深い」言葉やら、聖句といったものに突き当り、心ならずも自分の堅信礼教育やほかの、こういった分野全体との多分面白くもない関係を思い起こさせられるからである。また多くの人は、それとは全く反対に、「攻撃されているデモクラシー」、ヒトラーとの戦い、私たちの連邦内閣への批判、「トロイの木馬」〔獅子身中の虫、スイスの中でナチに呼応する者〕、こういったものとの最も密接な関わりの中で突如として聖なる事柄が、いろいろ、時としては粗野な、こうした新聞にありがちな、あまりよく考えぬかれていない表現で、欄《コラム》や段のところにもってこられているということで腹を立てている。そのことも私は知っている。しかし、そう言ったところでたしかに何の役にも立たない。いずれの場合の御立腹も――もし両方に対して説得でもしようとするのでないなら、我慢するしかないであろう。〔前者のように〕断じて「敬虔一徹《シュテュンデラー》」でありたくない（たとえ彼らから何も要求されていなくても！）

正直な人びと、また〔後者のように〕真珠を豚にやるつもりなどなかった（たとえ人に指図されなくても！）もっと正直な人びとは、確かに次のことはよく知っているにちがいない、すなわち『スイス日曜新聞』は――私がそれを理解しているとおり、ただし私がそれを正しく理解していると仮定しての話だが――事実、「〔教会の〕日曜新聞」のようなものでなくても、何かきわめて日曜日的なことを――それを人は安心して（二倍の強調をして！）日曜日的なことそのものと言ってよい――語りうることをよく知っているにちがいない。たんについでにというのでは全くなく――「宗教的考察」なら他の新聞でも読むことはできる――むしろまさに週日的《ウィークディ》に、つまり政治的に語らなければならない決定的なこととの中で、またそれとともに語りうることをよく知っているにちがいない。その新聞が〔日曜日的なものを〕常に語っているかどうか、またそれを正しく語っているかどうかということと、それを本来語られなくてはならないように日曜日的に語っているかどうかということは、別な問題である。しかし、そうだからといって、新聞が、それなりに、つまり週日的に日曜日的なことを語らなくてはならないという点に変わりはない。それゆえ、この日曜新聞で、教会・神学・聖書など、あのすべての領域のことがおそらく将来ともに――誰かに賛成するとか、誰かに反対するとかでなく――繰り返し明らかになるようにしなくてはならないであろう。それであるから、今、日曜新聞でクリスマスについて、さらにはっきり一言、語られることは、理にかなったふさわしいことである。

私は、「最後の問いと答え」という題を記した。そしてそれによって私が意図しているのは、次のことである。日曜新聞の中で問題にされている、まことに真剣で重要な焦眉《しょうび》の政治的問いの背後には、最後の本来的な、決定的な問いが立っている。それ自体は、もはや何ら政治的問題ではないが、その政治的なことに独特な重要性を与えているものである。そして日曜新聞が、あの政治的問いに、与えようと試みている、確かに同じく真剣に考えられ、真剣に取り上げるべき政治的解答の背後には、最後の本来的で決定的な答えが立っている。それ自体はもはや何ら政治的解答ではないが、それなしには、政治的解答すらも、その本来の意味とそれに必要な打撃力をもつことができないのである。要約すれば、そのことこそ、『スイス日曜新聞』がクリスマスにあたって言わなくてはならないし、それこそ声を大にして語らなくてはならない事なのである。つまり私たちは、最後から一歩手前の政治的な問いと答えそのものに、何かとらわれた状態ではなく、むしろそれに誠実にかかわることによって、最後の答えを与えられ、それと共にまた最後の問いを立てるように仕向けられるのである。すべてはこのことにかかっている。

よく注意してほしい。今、私は順序を逆にして、第一に答えを語り、次いで問いについて語っていることを。そしてもし語られていることが、真にクリスマスに関する言葉であるなら、事はそうでなくてはならない。私たちに最後の本来的で決定的な答えが与えられている、このことこそ第一の最も重要なことであって、それなしには、私たちは第二のこと、つまり最後の本来の決定的な問いに突き当らないし、したがって最後から一歩手前の問いと答えにおいても、うまくゆかないであろう。それこそが、イエス・キリストの御名に含まれたクリスマスの使信にほかならない。それを人は、決して政治にもかかわらずではなく、むしろ、まさしく政治のゆえに、つまり正しい政治の行なわれるためにこそ、まさに今日聞きもらしてはならないのである。人間の生活というものは、次のようなものである。私たちがまだあれやこれやのことを問う前に、いわんや最後の問いが提出される前に、すでに答えられているのである。前もって答えが与えられているのである。そして私たちの問いから何が出てこようと、私たちはこの答えによって生き、この答えの中を生きることをゆるされている。それはあたかも魚が水の中におり、鳥が空気の中にいるようなものである。このような、現実にすべてがそれによって始まる、最後の答えは、こう言っている。神は、そのあるがままの人間なしには、ありたまわない。なぜなら、たとい神が人間に自らをゆだねたとしても、神が神であることはいささかも変わらないであろうからである。しかしまた神は、小なるも大なるも人間は常に神に反対しているがゆえに本来神の反対に値したのに、人間に反対してもありたまわない。そうではなく、神は人間と共にあり、人間のためにありたもう。すべての人間のために、一人一人の人間のために。「見よ、私は、すべての民に出会う大いなる喜びを、あなたがたに告げる」。神は、教会に行かない人のためにもありたもうのか？　然り、そのような人びとのためにも。「敬虔一徹《シュテュンデラー》」のためにもか？　然り、彼らのためにも、それは、彼らがとりわけそれにふさわしいからではなく、彼らもまた人間なるがゆえである。いろいろ非難さるべき者、おそらく隠れたところに自ら非難すべきところを、さまざまに持つ者のためにもか？　然り、まさにそのような人びとのためにもである。同じく、共産主義者のためにも、今日とりわけ重大なナチ主義者のためにも、「アリババ」〔ヒトラーのこと〕とそのともがらのためにもか？　それをもち出しても何の役にも立たない。答えは同じである。彼らのためにもである。ただ私たちの誰一人として、クリスマス・ツリーのところで、あるいは――いわんや――クリスマスのシャンペンのところで、神は疑いもなくナチ主義者のためにもありたもうという、このことをもまた真剣に考えないほどに、不機嫌で頑であってはならないということである。また愚かな者・偽り者のためにも、さらに年をとった、また――今日予想もつかない邪悪をまきちらして、私たちに非常な迷惑をかけており、手遅れにならないうちに、目を覚ますようゆさぶり動かしてやりたいと思う――若い俗物市民のためにもである。クリスマスの使信が、神はこのような人びとのためにもありたもうと、確かに語っている事実は、何ら変ることがない。

いよいよもって彼らが——あるいはむしろ直ちにこう言ったほうがよいかもしれない——いよいよもって私たちが、そうした〔クリスマスの使信を〕必要とすればするほど、ますますそうなのだ。神が、あらゆる悪魔のたくらみに反し、あらゆる圧政と無政府状態に反し、あらゆるニヒリズムに反しておられることが、何を意味するのか。そのことは、神は人間のために、すべての人のために、一人一人の人間のためにありたもうことを、そしてそれゆえに私たち人間がお互いにやってしまい、お互いに苦しんでいる、あらゆる悪魔の業に神が反対しておられることを理解する時、はじめて根本的に理解されるのである。そしてもし私たち自身が、悪魔の業からも逃げようとせずに、抵抗する時、私たちが、悪意あるまなざしを持った巨大な蛇に、「トロイの木馬」に注意する時、このような野獣を破壊するために、すべてのことをなす時、すなわち、最後の答えを、クリスマスの喜びの音信を理解する時、その時、人びとは、まず次のことを根本的に理解する。私たちもまた根本的には人間のために、すべての人間のために、一人一人の人間のために、そこにあると。そこから——すなわちクリスマスの使信が聞かれ、理解されるところから、直ちに一つのきわめて根本的に政治的な思考・言説・行動に達することが洞察される。しかし、まさにそこ以外からは、どこでも根本的な政治に到達するなどとは認められない。人がそのことをよく知れば知るほど、また神がすべての人間のためにあり、私たちはどんな場合にも、すべての人間のためにあることをゆるされているという、この事実に堅く立つことがよりはっきりしていればいるほど、ますますよりよくまさに政治的にも考え、語り、行動できるのである。

『スイス日曜新聞』は、時代の困難な政治上の問題に、次のように答えを与える。正義・自由・平和の秩序の維持、いな回復・新構築のために、それゆえまた私たちスイスの国のため、私たちスイスの故郷のため、新しい一七九八年〔スイスにフランス革命の混乱が及んだ時〕の防止のために、あらゆるどんなことをもすることが必要であり、命じられている、と。この政治的な答えは、クリスマスの使信においてすべての人間に与えられた、全く非政治的な最後の答えの上に基づく時、それが、つまり神が私たちのために——私たちのため、敵のため、中立の者らのためにあるという、この最後の答えの説明また適用である時、それは、良く、力強く、生きているのである。この神、イエス・キリストにあって自ら人間となられた神は、クリスマスの歌にあるように、「愛する兄弟たち、あなたがたを苦しめているものを、追い払おう！」と、私たちや彼らに語りたもう。そのことは、戦いと否定を意味する、そしてそれは、今日きわめて必要なことである。私たちはゆるされている——しかも真にまたほかの人びとにもゆるされている！——私たちや彼らを苦しめているものを追い払うことがゆるされているのである。また神は、私たちやほかの人びとに、「あなたがたに欠けているものは、すべて私がふたたびこしらえる」と言ってくださる。それは建設と肯定を意味する。それは今日さらに必要なことである。私たちのためにある——しかも常にまた他の人びとのためにもある——お方が、彼らや私たちに欠けているものを、真にふたたびこしらえてくださるのである。それこそ、まさに『スイス日曜新聞』の政治的な答えと共に、人が立ち、かつ歩むところの基盤にほかならない。しかし、人は『スイス日曜新聞』の政治的な答えにあって思いちがいをしてはならない。その答えは、ただこの基盤の上に立ってのみ、内容豊かで活力あるものとなるのである。まさにこの良い政治的答えなるものが——悪い解答は、きわめてしぶとい生命を持つものである——ちょうどきれいな部屋に飾られたクリスマス・ツリーのように、——最後の答えという根から切り取られたなら、保つことができない。この美しいクリスマス・ツリーが、どこでどのようにおしまいになるか、誰もがよく知っている！

　しかるに、政治的な問いそのものも、それといささかも異なることはない。かくも多くの人びとが、私たちに今日提出される正しい問いというものさえ、繰り返し正しく理解せず、誤解するということは、まさしく私たちを不安にする。その問いは、明らかに危険なドイツの民族主義と、愚かしく、今のところまだ害のないスイスの民族主義との関連や、〔人種論的〕反ユダヤ主義と野蛮行為との関連、もしくは、国土防衛と失業問題に対する力強い取り組みとの関連、全ヨーロッパの自由と私たちの自由との関連を、全然見ていない、しかもそれに応じて、また全く馬鹿げた解答を与えている。それにしても、私たちはみな、どれほど多くのこれらの関連をまだ解っていない、もしくはまだ本当に深刻には受けとめていないことであろう！　そこでこの種の最後から一歩手前の正しい問いに近づくために、究極的には、たった一つの道のみが存在する。それは、最後の問いからくる道にほかならない。最後の問いは、しかし、最後の答えに直接向き合っている。ところが奇妙なことだが、その最後の問いたるや、人がまず（まっ先にである！）最後の答えを聞き、理解した時、初めて、それを問いとして理解するのである。しかるに、最後の問いは、クリスマスの使信によれば、すべての人間のためにある神への信仰の問題にほかならない。信仰と正しく提出された政治的問いとの関連も存在する――また不信仰・間違った信仰・迷信と誤って提出された政治的問いとの関連もまた存在する。そして私たちがクリスマスの使信において最後の答えを聞き、理解した時、最後の問いは、私たちにこの関連について問うてくる。この最後の問いは、したがってきわめて非政治的で、さらに人格的な問いなのである。なぜなら、信仰とその反対のもの〔不信仰〕とは、人格的事柄だからである。誰一人として――とりわけ『スイス日曜新聞』を好んで読む人のあいだでは――政治的問いが究極的には、この人格的問いの解答の中で決定されるとの認識を拭い去れないであろう。人格的問いは言う、私たちは神の子として神に服従するために、それに値しないにもかかわらず、神の恵みによって生きようとするかどうか、と。そのような者として、私たちは正しい政治的問いを全く忘れさらず、また全く誤解せずにおれるであろう。

（蓮見和男訳、九巻・253―260頁）

59 最後の問いと答え

解説

本編は、一九三八年一二月二五日、『スイス日曜新聞』のクリスマス号に掲載されたバルトのクリスマス・メッセージである。

一九三八年という年は、ドイツを追われたバルトがバーゼル大学に職を得て三年目である。前任地ボン大学から持ち越された教義学講義が継続され、この年のはじめには『教会教義学』の二冊目として「神の言葉の教説」(KD I/2) が、最初の巻 (I/1) から六年かかって刊行されるなど、その仕事はおおむね順調に推移していた。神の言葉から神学を開始するバルトにとって神学序説 (プロレゴメナ) (KD I/1-2) の完成は重要な意味をもっていたし、顕著になりつつあった受肉論の強調はこの後の彼の神学的展開を大きく規定することともなった。

他方、教会をめぐる状況はきびしさを増していた。バルトがスイスに去ったあと一九三五年以降ドイツでは政府の教会への直接介入が強まり、抵抗する教会の側も妥協的なルター派などのグループとそうでないグループとに分裂、さらにニーメラーら指導者の逮捕投獄が相次ぎ、教会闘争は「最低点」(ベートゲ) にあった。バルトはスイスでも教会闘争の批判的参与者であることをやめず、教会闘争および告白教会をスイス教会に紹介しこれに連帯することを訴えたが、期待される反応は得られなかった。そうした中で一九三八年九月、ヒトラーによるズデーテン地方（チェコスロヴァキア）割譲要求問題でプラハのフロマートカ教授に宛てたバルトの手紙――ヨーロッパの自由のため教会のためチェコの兵隊の武力抵抗を呼びかけた――が公表されるやいなやドイツ内外で、告白教会の中からも激しい非難の嵐にさらされた。ミュンヒェン協定（九月三〇日）はドイツへの割譲を認め、いったんは平和が保たれたかに見えたが、半年後ヒトラーは協定を破棄、一年後にはポーランドに侵攻し、第二次大戦に突き進んで行ったのである。まさに一九三八年は最大の緊張をはらんだ年であった。

『スイス日曜新聞』はバルトのバーゼルの同僚でもあったエドゥアルト・ベーレンとフリッツ・リープの共同責任でドイツ・ナショナリズムのスイスへの影響に抗しこれと闘うために一九三八年一〇月三〇日に創刊されたものである。三二号が出たあと、一九三九年六月四日から九月五日まで発刊禁止処分を受けた。その後継続発行の意志を表明したものの刊行されなかった。バルトはこの新聞の意義を認め、これを積極的に支援するべくクリスマス聖想を送った。

この聖想でバルトは「神が、あらゆる悪魔のたくらみに反し、あらゆる圧政と無政府状態に反し、あらゆるニヒリズムに反しておられることが、何を意味するのか。そのことは、神は人間のために、すべての人のために、一人一人の人間のためにありたもうことを……理解する時、はじめて根本的に理解されるのである」（本書54頁）という。そしてこの神は人間と共にあり、人間のためにあるという最後の答えを、クリスマスは語っているのである。二、三の言葉・概念について短く説明しておこう。「攻撃されているデモクラシー」とは『スイス日曜新聞』のサブタイトルである。「敬虔一徹」とはスイス・ドイツ語で一般に日曜日の午後聖書研究などに集っている州教会内の兄弟団のグループ、あるいは自由教会や、いわゆるセクトなどを揶揄して使われる言葉である。また「アリババ」とはここではヒトラーを暗示している。

今日、汝らのために救い主生まれたまえり

一九四一年一二月、『汝』誌クリスマス号

『汝』誌の編集者が、この号のために、「本格的な真剣なクリスマスの考察」を書いてくれと、私に要請してきた。それがもたらすあらゆる美しいこと、興味あること、考えるべきことと並んで、「村のまん中にある教会」もまた立つために、そうして欲しいということである。「本格的な」――それによって考えられていることはおそらく、クリスマスの祝いの意味・対象・内容とはっきりとした関係のある何かであろう。そして「真剣な」というのは、私の理解が正しいとすれば、一九四一年の人間として私たちの生の過酷な、恐ろしい、しかし驚くべき現実に同じく

はっきりとした関係の中にある何かである。多くの人は、クリスマスを「本格的な真剣なクリスマスの考察」なしに祝うことを好んでいる。しかしながら、私はひそかに確信している、大部分の人は、根本的にはすべての人が、この祝いを別な形で持ちたいと思っていることを。

私たちがみなよく知っていながら、しかもまた異質に感じるクリスマス物語の中の言葉は、その頂点におかれている、「今日、あなたがたのために救い主がお生まれになった！」。その意味はそれ自身において明らかである。誰でもこの言葉を自分に語られたものとするなら、確かに自分で、本格的な真剣なクリスマスの考察を行なっているのである。私がそれに対し言いうることは、そのことを深く考えるため、一人一人を助ける試みにすぎないであろう。

救い主が生まれた、そのことは、クリスマスにおける「本格的な」ものである。それは、音楽・絵画・文章などクリスマスの芸術が目ざし、すべて繊細な、あるいは少し繊細さの少ないクリスマスの喜びが目ざしているものにほかならない。しかし人は、本格的なものとして今何が起こっているのか、またクリスマスを祝う時自分が何をしているのか知ることができない。それゆえ、救い主が生まれた（！）ということに注意を払わないのである。救い主とは、助け主のことである。私たちはこの世に来た時、助けなしではないが、ふたたびこの世を去る時、助けなしではないのか？　次のように歌っている、古い教会の歌が存在する（それは次のように歌われているが、そのとおり新しいスイスの讃美歌集の中にこの節を、私たちはふたたび見出すことができる)。

裸で私は地べたに横たわった
私はそこに来た
私はそこで私の最初の呼吸をする
また私は裸で去って行く
私はいつ、影が逃走するように
地上を去るのか

私たちが生涯と名づけるここから彼処への道において、自助が可能だなどと考えることは、何と転倒したことであろう！　そこから私たちは次のことが分かる、救い主とは誰で、何であるか、またこのお方は、私たちが死ぬと同じように――助けなき姿で生まれ、死なれた。しかし、私たちを――私たちの生・誕生・死・この私たちの全世界を、虚無の深淵を乗り越えて、神のもとにもたらすため、そうしてこれら全体が神によっていのちと永遠の栄光を着せていただくために、このお方は、神の子として生まれ、死なれたのである。そのように救い主は私たちを助けてくださる。このお方は、徹底的で総体的な助け主である。このお方が生まれたということは、次のことを示している、すなわち、このお方は、それで私たちが助かりたいと思っている思考の産物や私たちの構想による小さな芸術作品の一つではないということを。じっさいそうしたものはどれも、私たちが願っているほど、徹底的かつ総体的に助けてくれるものではない。ところがこのお方の助けは、一定の時、一定の場所で誕生し、のちに死なれたように、ありのままの現実である。このお方をとらえる者は、虚空をつかむことはない。そしてこのお方が生まれたという事実は、さらにまた次のことをも示している、すなわち、このお方の助けは、すべての時のために、世界のあらゆる時代のために、すべての生涯の時のためにすでに完成され、成し遂げられたということを。またそれはそれによってすべてが始まり、もはや消し去ることのできない一つの日付であることを。各人が、全世界が、このお方を、とうの昔に来られ、現れ、神の御前で私たちのために働いている助け主として期待することがゆるされる。したがって、クリスマスにおける「本格的なもの」とは、この人格、その御業である。確かに人は、それを見過ごしたり、忘れたりすることもできる。確かに、ともかく生まれたその救い主が私たちには何の関わりもないかのように、振る舞うこともできる。確かに人は、このお方の存在・意志・行為を（ひどく単純なのに！）、理解しないと、口実をもうけることもできる。もちろんそうした場合には、すべての技巧をこらした人間的な輝きにもかかわらず、その中心はむなしいクリスマスをもたざるをえない。そしてクリスマスがむなしいところ、おそらくこうなるであろう。過ぎにしすべての年もむなしかったし、この後に来る年もまたやはりむなしいであろうと。しかしながら、私たちがもし、あのまん中に立っている徹底した総体的な助け主、助けなき幼子、最後には助けなく十字架に死なれたお方、そしてまさに比類のない王であるお方を見るならば、私たちのクリスマスも私たちの年も、勇気と慰めと良き希望に満たされうるし、満たされることがゆるされるであろう。

あなたがたのために今日、救い主が生まれた。今この言葉に注意するならば、クリスマスの「真剣なもの」とは何であるかが分かる。真剣なとは、妥当し、存続し、実践的意味を持つものにほかならない。「あなたがた」という言葉は、かつてこれが語られた野にいる羊飼いを意味するとともに、この私たちを――私たち人間を、民族・階級・志向・善悪・幸不幸・満足不満足の別なく、すべての人間を、特別な各人ひとりひとりを例外なしに意味する。そして「今日」という言葉は、過ぎ去った、また来たるべきすべての現在と同じように、私たちの現在を意味する。昨年とも来年とも同じく自らにすべての恐れと謎を持つ一九四一年を意味する。なぜなら、そのことが最初に語られた日は、すべての日々の一日だからである。すべての過ぎ去った日、来るべき日をそれ自身の中に含む日なのである。しかし、今日は私たちの日である。私たちに語られているのは、「救い主が生まれた」である。私たちはこの事柄の真剣さを理解するために、何はさておき端的に、私たちがそのことに対しどのように振る舞おうと、それとは独立して、そのことは真理である、それは二かける二は四だということよりも、もっと真理であることに思いをいたさなければならない。すべての信仰と不信仰、理解と無理解、体験と未体験――それが私たちの分であるとしても、それらすべてをはるかに越えて、あなたがたのために今日、救い主がお生まれになった、ということは、決定され、行なわれたのである。世界はふたたびまた支離滅裂のように見えるし（私たちは本当にそうしたやり方に従っており、明らかにそうであろうとしているがゆえに）、そのことはおそらく真理であろう。しかしながら私たちがそのことを知ろうと、認めようと、そうでなかろうと、もっと真実なのは、まさにこの世界が、その全くの邪悪とその全くの悲惨の中で、今日生まれた救い主によって支えられ、すべてのさばきと暗やみを貫いて、神に向かって担われていることである。誰かが「無神論者」であるとか、またほかの人が自分のこしらえた神信仰に生きようとしているとかいうことは、彼にとり、また他の人びとにとって興味あることかもしれない。でもそこから出てくるものを、よく注意して見よ。彼にとっても他の人びとにとっても、はるかにもっと重要なことは、彼にとっても動かすべからざる事実として語られている、「あなたがたのために今日、救い主が生まれた！」ということである。客観的事実に対して、何もすることはできない。そしてここには、あらゆる事実のうち最も客観的なものがある。それがクリスマスの真剣さである。それに対応して今、また「村のただ中の教会」もある。人間的な意味と無意味の場所のただ中に、一つの特別な場所がある。それはたった一つの目的を持っている。それはこのことである、「あなたがたのために今日、救い主が生まれた」と、クリスマスの時に、そしてその他すべての言語で、多かれ少なかれ巧みに、多かれ少なかれ賢く、輝かしく、祝福をもって、しかし、毅然として、誰もがそれを聞けるように繰り返し語ることである。人びとは、この場所を回り道してしまう理由をいろいろ持つかもしれない。そうすることは、根本においては無思慮なことである。なぜなら、人は何度聞いてもそれで十分ということはありえないのだから。しかし愛なる神がこうした無思慮な顧客をもつということは確かなことだ。そこでそのような人びとは、この機会に、次のことに注意を払ってほしい。すなわち、彼らが回り道したくなる、まさにこの場所で、来る年も、また来る年も、全くはっきりと世界の果てまで、「あなたがたのために今日、救い主が生まれた」と語られ、聞かれるということに。しかもこの言葉が語ることは、永遠から永遠に至るまで決定され遂行されていることに基礎づけられているクリスマスの真剣さをもって注意を払って欲しい。この言葉によって、したがってクリスマスの中心点で、いかなる無関心によってもいかなる反対によっても何も変更されない、客観的な事実と宣教が問題なのだということが、少なくともすべての者に理解されるならば、それは確かに良いことであろう。じっさい無関心と反対は、決して最後の言葉となる必要はない。クリスマスの真剣さは、どこか私たちの上や外の高みに留まっていないで、私たちの中に入ってくる。クリスマスの真剣さを、自分の中に入らせる者は、信ずるのである。すべてそれ以外のものは、代用信仰にすぎない。まさに正しく信じ、したがってクリスマスの真剣さを自分の中に入らせることの方がはるかにもっと単純であろう。今日起こっていること、今日私たちに語られることを私たちも聞くことができる。救い主が生まれ、その全くの無力な姿の中で、力をもって登場するということを、昨日そんなことなど夢想だにしなかった者もまた、今日それを理解することができる。クリスマスの真剣さは、誰にとっても、またあらゆる状況の中で、直ちにはっきりしたものとなり、実際に生きたものになりうる。その真剣さを誰もが生きることができる。さあ今日私たちのために生まれた助け主によって、助けられようではないか！　このお方によって救われた者として生きよう、それ以上のことは必要ないが、しかしそのことは必要なのだ。このことが各人に輝く――真に一人一人の中に輝く――人間の存在に常に固有な死の真剣さ、またまさに私たちの時代の特別な死の真剣さに対抗してこれを解決できるのは、ただクリスマスの真剣さだけなのだ。これはそれだからこそ、私たちの中に入ってきて、私たち自身の真剣さとなるにちがいない。人びとは、おそらく何らかの世界観や何らかの生の感情のゆえに、これを妨げることはできる。その時、人は、私たちがお互いに生きているその日暮しや、私たちの足の下の大地がいつも繰り返し与えているように見える、怪しげな空虚な調べについて、驚かないように。人はクリスマスの真剣さを、政治から締め出すこともできる——ただしその場合、そこではすべてが一面において動物的に残忍で、他面（そして今、私は、自分たちの最も近いところで起こっている事柄を考えている）、貧弱ではっきりした特徴のない形で形成されることに驚かないでほしい。人は、クリスマスの真剣さに対して理論的には敬意をはらい、実際的には否定することもできる——ただしその場合、その理論も実践も、根本的には同じように絶望的に不満足なものにならざるをえないことに、もちろん驚かないように。私たちはそんな態度をとる必要があろうか。私たちはそのようなことをしないように招かれているのである。同じくこの「今日」という言葉がとりわけ重要な、別の聖句も存在する。「今日、御声を聞いたなら、あなたがたの心を頑にしてはならない」〔ヘブライ四・七〕と言われている。その心を頑にするなら、それは誰にも良く働かない。そしてあまりにも多くの頑な心が存在する世界は、決して美しい世界ではありえない。いかなる人間も、そうでなければならないというものではない。しかしここでは一人一人であることがゆるされている。クリスマスの本格的なものと真剣なものは、人がそれらを用いるのを待っている。さらに一つ最後に聖句で結ぼう、「来れ、すべては備わっている」〔マタイ二二・四〕。「あなたがたのために今日、救い主が生まれた」と、じっさい主体的にも――語られたことを受けとり、受け入れ、適用することに関連して言っているのだが――無駄に語られてはならないのである。

（蓮見和男訳、一〇巻・93―99頁）

解説

本編は月刊誌『汝』の第一〇号（一九四一年）にクリスマス聖想として掲載されたものである。

『汝』は一九四一年五月チューリッヒでアルノルト・キュプラーによって創刊された文化雑誌で、その年の秋にキュプラー自身がバルトに「本格的な真剣なクリスマスの考察」を書いてくれるように依頼したものである。

第二次大戦がはじまって二年、六月には独ソ戦がはじまり、一二月八日には日本が太平洋戦争に突入した年である。バルトはスイスにあって反キリストのドイツの国家社会主義に反対し人間性を守るためスイスを防衛することを訴え（「今日の私たちの教会とスイス」一九四〇年、「全能者なる神の御名によって」一九四一年）、またエキュメニカルな書簡を通して（「フランスへの手紙」一九三九年、「スイスからイギリスへの手紙」一九四一年）教会はこの戦争に対して「無関心」でも「中立的」でもありえず、むしろ「抵抗」は不可避だということを真剣にはっきり語ることによって、暗黒の時代にあらゆる国の人々を慰め励ますことをした（戦後それらは『スイスの一つの声』に収められた）。なお本聖想の終わり近く、「そして今、私は、自分たちの最も近いところで起こっている事柄を考えている」については一九四二年の「祈祷日説教」およびその注（『説教選集』第一八巻所収）を参照されたい。

さてバルトはこの聖想で次のように述べている、「世界はふたたびまた支離滅裂のように見える……そのことはおそらく真理であろう。しかしながら私たちがそのことを知ろうと、認めようと、そうでなかろうと、もっと真実なのは、まさにこの世界が、その全くの邪悪とその全くの悲惨の中で、今日生まれた救い主によって支えられ、すべてのさばきと暗やみを貫いて、神に向かって担われていることである」（本書67頁）。つまり「今日、あなたたちのために救い主がお生まれになった」、この言葉をわれわれが自分に語られたものとして聞くならば、われわれはだれもが「本格的な真剣なクリスマスの考察」をおこなっているのである。それに対応して「村のまん中にある教会」があるのであり、その存在の目的はただ一つ、その言葉を「クリスマスの時に、そしてその他すべての言語で、多かれ少なかれ巧みに、多かれ少なかれ賢く、輝かしく、祝福をもって、しかし、毅然として、誰もがそれを聞けるように繰り返し語ることである」（本書68頁）。「村のまん中にある教会」という言い回しはキュプラーが最初に使った言葉のようである（ドイツ語版バルト全集『説教』1935-1952)。新たに創刊された雑誌でバルトは、その読者に、それぞれの地域の小さな教会のクリスマスと、そこでなされるクリスマスの証しにあらためて注意するように促した。

われらと共にとどまりたもう

一九五八年一二月二五日、バーゼル刑務所

マリアは月が満ちて、初めての子を産み、布にくるんで、飼い葉桶に寝かせた。宿屋には彼らの泊まる余地がなかったからである。（ルカ二・七）

《説教前の祈り》
主なる私たちの神よ！
あなたは、ただ天に住みたもうばかりでなく、この地上に、私たちのそばにも住まおうとしておられます――高く、偉大にいますばかりでなく、私たちのように低く、小さくなろうとしておられます――私たちを支配したもうばかりでなく、私たちに奉仕しようとなさいます――永遠に神にていましたもうばかりでなく、人間として、私たちのために生まれ、生き、死のうとされます。

あなたの愛する御子、私たちの救い主イエス・キリストにおいて、私たちが完全にあなたのものとなるために、あなたは、御自身そのものを私たちに贈ってくださいました。しかも、私たちのうち誰一人として、そのようなものに値しないのに、私たちすべてに、そのことをしてくださいました。今、私たちに残されていることは、ただあなたが私たちのためにしてくださったこのことに驚き、喜び、感謝し、固くそれに依り頼む以外に何がありましょうか。

私たちはあなたにお願いいたします。どうか、そのことが今この時、私たちの中に、私たちすべての者の中で真《まこと》となりますように、どうか、真面目で、自由な心からなる祈りと歌と、語りかけと聞く耳によって、私たちを正しいクリスマスを守る群れとさせてください、また、真の渇望をもって、正しい聖餐式を守る群れとならせてください！　天にましますわれらの父よ……！

愛する兄弟姉妹、直ちに本論に入って行かせて欲しい。マリアが初子《ういご》として産み、布にくるんで、飼い葉桶の中に寝かせたお方は誰であろうか。それは誰であるのか。私は「それが誰であったか」とは言っていない。クリスマスとは、ずっと昔に生まれ、そして死に、過ぎ去って行った一人の人間の誕生日ではない、そして、人びとがこの何百年もの間、その人の記念をするといったものではない。確かに、そのお方はかつて生き、死なれた——しかも、どのようにして！——それにもかかわらず、そのお方は死人の中からよみがえり、今も生き、支配し、語っておられ、今この時、この私たちのただ中にいまし、しかも、私たち一人一人に近く、彼御自身に対するよりもはるかに近くいたもうのである。したがって、「このお方は誰であるか」、この問いに対する答え、それがクリスマスの使信なのである。

そこでこの際、全く端的にその答えを言おう、「そこに生まれたお方は、あなたの友となり——私にも——そして私たちすべての者の友となりたもうお方なのだ」。私は、そのことをなす一人の人だとは言わない。そうではなく、私たちの友となるお方そのものだというのだ。なぜなら、そのお方がなさったように、全く自分自身のことを考えず、しかも最高の力において、それをするのは、このただ一人のお方、奉仕者、すなわち、あの時生まれたお方のみだからである。

そこで今、全く個人的な言い方をさせてほしい、このお方はあなたの友となりたもう——あなたの——あなたの友なのだ！　私が今そう言うのは、あなたがた一人びとりを考えているのだ、それは私にもあてはまる。したがって、このお方はあなたの友となりたもう。ところで、誰かがそのような本当の意味であなたの友となることを、あなたは心から喜ぶのではなかろうか。そのことを、あなたは心の底から待ちこがれ、そのことを望んでいる。あなたは、隣人なしにあることはできない。そこであなたはたずねる、「一体誰が、そのような本当の意味で、私の友となることができるのか、また、なることを欲するのか」と。さらに、それからきっともう一つの問いが起こって来るであろう。「一体全体、私にとってそんな方が、また、そんなにしてくれる方が存在するのだろうか、恐らく一人もいないのではあるまいか」、「私だって多分、すべての人に無関心なのではなかろうか」、「あの〔良きサマリア人の〕たとえに出て来る祭司やレビ人のように、皆私のそばを通り過ぎていってしまうのではなかろうか」〔ルカ一〇・三一〕、「おそらく、全くすべての人が私に逆らっているのではないか」、さてもし、あなたがそのように自ら問うた場合恐らくまた、全く非常な孤独感があなたを襲い、あなたは自分が全く見捨てられたように感ずるのではあるまいか。その場合、あなたは大変な誤りにおちいっている。「誰も、私にとってそのようなものであろうとしないし、そんなことをしてくれない。だから、私自身だけが私の友だと思う！」と。しかし、まさにそれこそ、大きな、最大の誤りである。溺れている者が、自分で自分の髪の毛をつかんで、水から引き上げるわけにはゆかない。あなたも、そのようなことはできない。誰かほかの人が、あなたを助ける必要がある。

ところが、「このあなたの友となり、あなたを助けるこの方が、生きており、ここにいます」、これがクリスマスの使信にほかならない。このようなお方、それがかしこで生まれたお方なのである。眼と耳と心とを開きなさい、そのお方がそこにおられ、真にあなたの友となり、ほかの誰もすることのできない、完全に、永遠にあなたの友となってくださるのを見、聞き、経験することができるであろう。

そのお方は、何ら他意なしに、御自身のことを少しも考えずに、あなたの友となられる。恐らくあなたは、少し前には、「世の中はそんなにも悪いのであろうか。やはりこの人が、あの人が私の友としてここにいることを望んでいいのではないか」と、こんな風に問うたであろう。確かにあるいはそうかもしれない。しかし、あなたとその人との間には暗い影がないだろうか、たとい、その人が最愛の人であったとしても。恐らくその人は、それが彼自身にとって喜びであるうちはあなたの友であろう――恐らく、あなたの方でも彼に友となってもらいたいので――恐らく、それが彼自身にとっても益であるゆえに。しかし、あなたは認めざるをえないであろう、根本においては、本質的には、その人もやはり自分自身のことを一番先に考えているので、私の友ではないし、彼は彼自身の隣人でしかない。そして、あなたがそのことに気づくや、ふたたびまた、あなたの孤独感がいよいよもって身に迫って来るのだ。

しかし、「かしこに生まれたお方は、自分自身のことを考えることなく、全く少しもそのことを勘定に入れずにあなたの友となられる」。これがクリスマスの使信である。そのお方は、真にあなたから何かを求めようとはなさらないで、ただ、あなた自身を求めようとされる。

> 「何物も、あなたの真なる愛のほか、何物も、天の幕屋から、この私に手をのべはしない。あなたはいかなる人も言いつくしえない幾千の悩み、大いなる嘆き苦しみの渦巻く、この世をすべて、あなたの真なるその愛をもって、しっかりと包んでくださった[1]」。

そこに生まれたのは、まさにこのようなお方にほかならない。類まれなあなたの隣人となり、あなたの隣り、あなたの友、あなたの兄弟となられたのだ。そのお方は、そのことによって何かを要求しなかった。彼は自分のことを考えなかった。彼は、まさにあなたのことを、あなたのことのみを考えた。

そして、偉大な力を持って、あなたの友となられる。確かに、最後まで正直に、あなたの友となる何人かがいるかもしれない。しかし、最良の場合にも、それはただの人間であって、人間が持ちうる以上の大きな力は持ちあわせていない。彼は、多分あなたを助けることを欲し、少しばかり広範にそれを行なうかもしれない。しかし、その最も深い底においては、いかなるほかの人間も、あなたをいささかも助けられないし、究極的には全然助けられないのではなかろうか。手近な例を一つあげてみよう。あなたはそこにすわっておられるし、私はここであなたの前に立っている。そして、私は心から喜んで、あなたの友となりたいと思う。あなたもまた、それを認めたいし、私もそれを信じたいと思う。確かに、今、私はあなたに、全くちょっとした慰めを与えることができるかもしれない、あなたにクリスマスのことを話して、ほんの少しだけあなたに喜びを起こさせることはできるかもしれない。しかし、正直に告白すれば、正しく、本当には、私はあなたを助けることはできない。あなたの生を正しい方へもって行くことは、私にはできない。あなたを救うそのことは、私にはできない。いかなる人間も、そのことをほかの人間にしてあげるわけにはゆかない。このような力強い意味においては、誰もほかの人の友となることはできない。

　しかるに、今、クリスマスの使信は、「あそこに生まれたお方は、確かにマリアの子であるばかりでなく、神の子である」と語っている。そして、そのお方があなたの友となる場合、最高度の力でそれをなす、あらゆる、いかなる事情の下でも、あなたを助けることのできる力によって、それをなすのである。あなたを全く明るくするような力、いかなる人に対してであれ、とりわけ、あなたの最悪の敵に逆らって、あなた自身に逆らってでも、あなたを弁護するような力によって、それをなす！　そのお方は、あなたを正しく真実に助け、あなたを担い、あなたを救うような力、したがって、単に小さな喜びだけでなく、大きな変わることない喜びをあなたに与えるような力によって、あなたの友となるのである。そのお方は、ただそれをあなたに与えうるだけではない。事実として、それをあなたに与えることができるのである。そのお方は、この生をつらぬいて、あなたを導き、さらにまた、死をもつらぬいて、あなたを永遠の生命へと担って行く力によって、あなたの友となられる。

つまり、かしこで生まれたお方は、そのようなお方である。あなたの、私の、そして私たちすべての救い主、マリアの初子、聖書の別の表現で言えば、彼は「すべてのものが造られる前に生まれた方」〔コロサイ一・一五〕にいます。彼、「救い主キリストはここにいます」[2]。

私たちはもちろん、私たちがさらに注目しなければならない、別なことに耳を傾けよう。すなわち、ヨセフとマリアは宿屋に泊まる余地がなかった、ということである。つまり、そこに生まれることになっており、事実生まれたお方のために場所がなかった、自分自身のことを考えることなく、最高度の力をもって、私たち人間の友となってくださるお方のための場所がなかったのである。ヨセフやマリアは、このようなお方のために、宿屋に場所を見つけることができなかった。

当時の宿、それは私たちが今日、つつましい、あるいは少し立派なホテルと呼んでいるものに近かったのであろうか。美しい、あるいはまたそれほど美しくはない、客間、食堂、泊まる部屋、たぶん今日では大きなガレージまでついている家、とにもかくにも、人が泊まり、休み、休養をとることのできる住居である。しかし、このように立派な住居には、残念ながら、そこに生まれるべき子のための場所はなかった――この客の入る余地はなかった。たぶんそこには、大変多くの、ほかの、もっと立派な人たちはいたであろう。残念なことに！　つまり、この宿にとって残念なことに！　イエス・キリストは、そこには生まれず、全く別な所でお生まれになるほかなかったのである。

しかし、今日、ここ、今、私たちのところではどうだろう。もはや救い主がお生まれになる必要はない。救い主はただ一度だけ生まれればよい。しかし、このお方は、彼が自分たちの救い主であることを、忠実に、力強く信ずる、私たち人間のところに、立ち寄ることを欲せられる。しかし、私たちの様々な宿はどうであろうか。市役所や公会堂、大学や聖堂は、たぶん、このような宿屋であるかもしれない。大バーゼル、あるいは小バーゼル(3)の多くの個人の家、住居、旅館、商店もそうであるかもしれない。ベルンの政庁やモスクワのクレムリン宮殿やローマのヴァチカン、ワシントンのホワイトハウスもやはり、そうであるかもしれない。このお方が立ち寄りたいと思っている、当のその宿であるかもしれない。どうしてそうでないことがあろうか。あらゆるこれらの家々には――さらにとりわけ、この家〔刑務所〕においても、その作業室や監房においても――人間が住んでいる。このお方は疑いもなく、人間を、すべてこのような人間を目ざしておられる。このお方は、偉大なる忠実さと力において、まさにこのような人びと、私たちすべての友となりたもう。

しかし、このような宿にも、このお方のための場所がないとしたら、それはどうしたことであろう。そこには、全くもっとよい境遇にあり、もっとよい仕事につき、もっとよく知っておりながら、このお方のために場所を持っていない人びとがおり――そこに立ち寄ろうとしているお方が誰であるか気づかず、そのお方が彼らの友となりたもうお方で、彼らが皆、特に非常に必要としているお方であるということに気づかないからである。すべてこのような、私たちの宿の扉が、このお方のために閉じられたままであり、このお方が私たちのところに立ち寄ることができないため、一切がもとのままだとしたなら、どうなのであろうか。おそらく、この家、このあなたがたが住んでおられる獄舎の中でもやはりそうではなかろうか。もし、このお方が全くほかの場所、全くほかの人びとのところ——はるかに遠く、ひょっとしてアフリカやアジアに行かれるようなことがあったなら、どうであろうか。私は、この瞬間に日本にいる一人の愛する友のことを考えた、彼は最近、二五年もの長い間どうしようかと考えていた洗礼を受けたのである。今、彼は洗礼を受けたばかりである(4)。ここから遠く、遠く離れているほかの人びとも同じく洗礼を受けていよう。しかし、もし、このお方が私たちの閉じられた扉は通り過ぎてしまうなら、どうであろう。それに対し、何と言ったらよかろうか。この宿にも、そこに住んでいる人びとにも、確かにクリスマスの使信が存在する、「見よ、わたしは戸口に立って、たたいている。だれかわたしの声を聞いて戸を開ける者があれば、わたしは中に入ってその者と食事〔聖餐〕を共にし、彼もまた、わたしと共に食事をするであろう」〔黙示録三・二〇〕。然り、もしそうだとしたならば……！私たちの様々な宿のことを考えた場合、明らかにクリスマスの使信は一つの大いなる問いである。

　しかし、私は今、このような問いで終ろうとは思わない。なぜなら、幸いなことに、ここには考えられなくてはならない第三のことがある。救い主が宿に場所を見つけられなかったということとは、このお方が別の所で——全く別の所で！——生まれることをいささかも妨げはしなかった。私たちはそこで、飼い葉桶のことを聞くのである。私たちは確かに、馬小屋か外の牧場にいる。ともあれ、快適で楽しく、安楽で人間らしく暮らせるため、人間が住みたいと思っている美しい住まいにはいない。否、ところがそれは、それと比べたなら、この刑務所の部屋さえおそらく、まだぜいたくに過ぎると言われるような、動物たちと隣りあわせの、ちょうど多くの画家が描いて来たように、牛やろばがすぐそばにいる場所であった！　このような暗い場所で、イエス・キリストはお生まれになった、あたかも、全く同じく、それよりもはるかにもっと暗い場所で死なれたとおりに。この飼い葉桶、馬小屋の中、家畜と一緒のところで、暗い地上に、天が開かれ、神が人となられ、全く私たちと共に、私たちのためにあろうとせられた。そのような場所で、私たちは、この仲間、隣人、友、兄弟を得たのである。有難いことに、宿屋に場所を見つけることができなかった両親と子供は、このようなことが起こり得、事実起こったこの別な場所を得たのである。

有難いことに、今、救い主が私たちのところに入って来られることが問題とされる場合、私たちの生活の中に、一つの全く別な場所が存在する。それは、救い主がただ問われるばかりでなく、ただ単に外に立って叩かれるのみではなく、じかに入って来られる場所である。そこで救い主はすでにこっそりと立ち寄って、私たちが彼を認識し、彼が来られたことを喜ぶのを待っておられるばかりである。私たちの生活の中で、それはどのような場所であろうか。今、あなたが心に思い描いているような、あなたの生活や行ないの中にある何か高貴な、美しい、しかも正しいもの、つまりあなた自身がそれによって救い主の前に場合によっては推薦に値する者・受け入れ用意のできている者として現れうるようなもの、そうしたものを考えてはならない！　そうではないのだ、救い主が私たちのもとに立ち寄りたもう場所は、ベツレヘムの馬小屋と共通点を持つ、全く美しくなく、かなり荒れたように見え、全く温かい雰囲気ではなく、かえってかなり不愉快な、人間らしいところが全くなく、それどころか全く動物に近いのである。私たちの誇らしげな、あるいは謙虚ぶった宿を見よ、私たちはそこの住人である――しかし、それは単に私たちの生活の外面にすぎない。その下に深い、根源、深淵が隠されている。その下にあって、私たち人間、私たちすべての者は、例外なしに、すべての者がそれなりに乞食であり、失われた罪人であり、嘆き悲しむ被造物、死すべき者、もはやなすべきことを何も知らない者たちにすぎないのである。

イエス・キリストは私たちのもとに立ち寄りたもう、いやそれどころか、このお方は、私たちすべての者のところにすでに立ち寄りたもうたのだ。然り、有難いことに、この暗い場所、私たちの生活のこのような飼い葉桶、このような馬小屋にも立ち寄りたもう。そのようなところで、私たちはこのお方を必要としており、まさにそのようなところで、このお方は私たちを、私たちすべてのものを必要となさるのである。そこにおいて、私たちはこのお方に対し、まさしく正しい者となる。そこにおいて、このお方は、私たちが彼を見、彼を知り、彼を信じ、彼を愛することを待ち望みたもう。そのようなところで、このお方は、私たちに挨拶される。そこにおいて、私たちには、ふたたびこのお方に挨拶し、このお方を迎える以外に、全く何も残されていない。そこにおいて、私たちは牛やろばと全く近くにいることを恥じることはない！　まさにそのような場所で、このお方は、私たちすべての者をしっかりと捕えたもう。このような暗い場所で、このお方は、私たちと共にあろうとされる。私たちはこのお方と聖餐を共にすることをゆるされる。そして、それこそ、私たちがこのあとで、このお方と一緒に持つことをゆるされているものなのである。アーメン。

《説教後の祈り》

主なる私たちの神！

たとい、私たちが不安をいだくようなことがあっても、どうか絶望におちいることがないようにしてください！　たとい、私たちが失望するようなことがあっても、ひどく失望することがないようにしてください！　たとい、私たちが倒れても、倒れたままにしておかないでください！　たとい、私たちの理解や能力が終りになっても、どうか滅びることがないようにしてください！　いや、そのような場合にも、あなたが、心へりくだり、砕けたる魂、御言葉を恐れる者にお約束くださった、あなたの近づきと御愛のあとをたどり行かせてください。そのような状態にあるもの、すべての人間のもとに、あなたの愛する御子は来られました。私たちすべての者が、そのような状態でありますので、御子は馬小屋に生まれ、十字架に死にたまいました。主よ、私たちすべてのものを目覚めさせ、私たちすべてのものが、このことを認識し、このことを告白するように、心を開かせてください！

今、私たちは、この私たちの時代の暗さや苦悩を考えています――私たち人間がお互いを苦しめている多くの迷いや誤解を――これほど多くの者が慰めもなく負ってゆかねばならぬすべての厳しい現実を――世界が、方策も分からず、ただそれに出会っておびやかされている、すべての大きな脅威を考えています。また、私たちは、病人のこと、精神的に病んでいる人たちのこと、貧しい人びと、追われ、しえたげられた人びとや不当に苦しめられている人びと、両親がいない、あるいはちゃんとした両親のいない子供たちのことを考えています。

さらにまた、私たちは、人間のできるかぎりの援助をすべく召された人びと、私たちの国やほかのすべての国々の支配者たち、裁判官や役人、教師および教育者、書物や新聞を執筆する人びと、医者や病院の看護婦、近くや遠くにある様々な教会や諸団体の御言葉の宣教者のことを考えています。クリスマスの光が、この人びとと私たちに明るく、これまで以上に明るく輝き、そのことによって、この人びとも私たちも助けられるようにとの願いをもって、私たちはこのすべての人びとのことを考えております。これらのすべてのことを、あなたがすでに聞き届けておられ、これからも繰り返し繰り返し聞き届けてくださる救い主の御名によって、お願いいたします。アーメン。

（蓮見和男訳、一一巻・213―224頁）

注1　パウル・ゲルハルトの歌の一節（一六三五年）。
2　J・モール（一七九二―一八四八年）の歌の一節。
3　大バーゼル、小バーゼルは、バーゼルのライン河をはさんだ左と右の部分。
4　滝沢克己氏のこと。

解説

本編は一九五八年のクリスマス、一二月二五日にバーゼル刑務所でなされた説教で、説教集『捕らわれた者に解放を』（一九五九年）に収められた。本書にはこの説教集ともう一つの説教集『私を呼び求めよ！』（一九六五年）から本編をふくめバーゼル刑務所説教が五編収録されている。

刑務所での説教というと、驚かれるかも知れないが、晩年バルトは一九五四年（八月一日）から六四年（三月二九日）まで、一〇年間、年齢でいうと六八歳から七八歳までバーゼル刑務所で年二、三回のペースで説教を担当し、二八回分の説教が残されることになった。神学教授になってからも、ドイツの大学を追われ一九三五年にバーゼル大学に移ってからも、バルトは求めに応じて仕事の許すかぎり説教壇に立ったが、戦後まもない一九四七年から一九五四年まで説教しない期間があった（この間の事情は『説教選集』第一一巻の小川圭治氏の解説を参照されたい）。そうした中で刑務所で説教をするようになったことで、「多くの人は、彼の説教を聞く機会を得るためには、バーゼル市地区で犯罪を犯さなければならない、と冗談めかして話すようにさえなった」といわれることにもなった

(ブッシュ『生涯』)。

バルトが刑務所で説教するようになったきっかけは当時刑務所付き牧師であったマルティン・シュヴァルツ氏がたまたまバルトにさし当たり口頭で自分の代理で説教してくれるように依頼したことであった。バルトは慎重に応対しすぐには承知しなかったが、考え直したのであろう、礼拝にじっさい一度参加し、その上で引き受けた。この奉仕はバルトを魅了することとなった。当時の手紙にこう書いている、「福音がまったく自然に、非常な身近さと明白さで受けとめられるところでこそ、強烈に感じとられる現実的な生の確固とした基盤というものが必要です」。「そこでは、ただ会堂に集まってくる普通のキリスト者からなる通常の教会においてよりも、確かにすべては、どこかではるかに現実味を帯びていました」(ブッシュ『生涯』)。

刑務所の説教の特色をあえて挙げれば、聞き手をつねに考慮に入れた、その意味で対話的なところにあるといってよいであろう。じっさいバルトはしばしば受刑者の独房を一つ一つ訪ね、彼らの言葉に耳を傾けた。息子のマルクース宛ての手紙に次のように書いている、「私は今朝、三人の殺人犯と二人の詐欺師と一人の風俗違反者の話を、ゆっくり時間をかけて聞き、その間何ひとつ言葉を差しはさまず、彼ら一人ずつに大きな葉巻を一本差し出しただけです」（一九五七年）。本説教の中の次の言葉に注意してみよう、「そこで今、全く個人的な言い方をさせてほしい、このお方はあなたの友となりたもう――あなたの――あなたの友なのだ！　私が今そう言うのは、あなたがた一人びとりを考えているのだ、それは私にもあてはまる。したがって、このお方はあなたの友となりたもう」（本書77―78頁）。ボン大学でした彼の説教学講義には次のような言葉が見える。「説教とは、テキストが辿る証言の過程（道筋）を、もう一度、会衆と共にあゆむことだ」。テキストをもう一度会衆と共にあゆむこと、これが実践された。バーゼル刑務所の説教では多くの場合聖餐式をともなっていた。それゆえこれらはみな聖餐の備えの説教と理解することができる。

バーゼル刑務所はその後改築され、バルトが説教したホールは残っていない。わずかにその時の講壇がバーゼル大学に隣接するペトロ教会に残されているだけである。

しかし勇気を出しなさい

一九六三年一二月二四日、バーゼル刑務所

《説教前の祈り》

大いなる聖なる神よ。あなたは、あなたの愛する御子、私共の主イエス・キリストにおいて、自ら私共と同じ一人の方として、私共のただ中に歩み入り、完全に私共に属する方となられました。それは私共が完全にあなたに属する者となることを許されるためでした。それゆえに、あなたは私共に、あなたを認識し愛し賛美する許可と戒めと力とを、お与えになりました。

そのことを共に行なうために、私共は、御降誕の祭の前のこの夕のひと時、このように集まっております。私共は、あなたの全能の憐れみの御業について、あなたに感謝したいと思います。もちろん私共は、直ちに告白せざるをえません。私共自身も私共の思いや言葉や生活も、悲しく恥ずべき姿で、あなたの私共のための存在や行為のはるか背後にあるということを。それゆえに私共は、あなたの強く慈しみ深い御手を、それにもかかわらず私共から取り去ることなく、あなたが今後も私共にとって、父にして兄弟、救い主にして主でいてくださるようにと、願わずにはいられません。

どうか今のこの時に、あなたの現臨の不可解で不相応な恵みの幾分かを、私共にもお与えください。私共があなたを、そして私共お互い同士を、そして一人一人が自分自身を、今少し良く理解することを学び、新しい慰めと新しい勇気と新しい忍耐と新しい希望を獲得するということが、あなたの御言葉の光の中で、あなたの御霊の力によって、起こるようにしてください。そのようなことが、今日も明日も起こるようにしてください。人々が（彼らがそのことを知っているかどうかは別にして）真理の秘義が自分たちにその救いといのちとして啓示されるのを待っている到るところで、そのようなことが起こるようにしてください。「天にましますわれらの父よ……」。アーメン。

あなたがたには世で不安がある。しかし、勇気を出しなさい。わたしは既に世に勝っている。
（ヨハネ一六・三三）

愛する私の兄弟方。

私たちは、明日降誕祭の使信を聞く備えを共にするために、この聖夜、このように集まっている。御存じのように、今回は、この場にはいないけれども他の大勢の人々も、ラジオで、ここで私たちが祈り歌い私たちに神の御言葉が語られるのを聞いているのである。外の市中で、スイスの他の所で、さらにドイツの広い地域でも。――そのことは、ここにいる私たちの妨げにはならない。むしろ、私たちにとって喜びである。「風はみな喜び叫ぶ。『キリストは生まれ給えり』」と、私たちは先程歌った。私たちは、私たちと共に聞いている人々にも、そのように言って挨拶しよう。

「か、た、し、は、既に世に勝っている」。これが、降誕祭の使信である。「わたしは」！　ベツレヘムの飼い葉桶の中のあの幼児が、そのように私たちに言われる。この上もない謙遜さをもって、しかし同時にこの上もなく力強くまた断乎として、そのように言われる。神の子であり、全能の御父の子であり、天地の創造者の子であるわたし。神があなた方の神でありあなた方が神の民であるために――またこの契約の祝福・平和・喜びがあなた方の上に来るために、神があなた方人間にあなた方自身と同様の人の子として与えられたわたし。そのわたしは、既に世に勝っている。あなた方悪い人々が勝ったのではなく、またあなた方善い人々が勝ったのでもなく、あなた方愚かな人々が勝ったのでもなく、あなた方賢い人々が勝ったのでもなく、あなた方信じている人々が勝ったのでもなく、あなた方信じていない人々が勝ったのでもない。教皇や公会議が世に勝ったのでもなく、政府や大学が世に勝ったのでもなく、学問や技術が世に勝ったのでもない。たとえあなた方が、明後日天の川で橇《そり》遊びをすることに成功するとしても、そういうことではない。そうではなくて、「わたし」が既に世に勝っていると、言われるのである。

「わたしは既に世に勝っている」。ここで言われているのは、降誕祭の使信における世である。世――それは、神の被造物として良くまた素晴らしく建造され整えられた私たちの大きな住居である。しかしまたそれは、暗黒に充ちた住居でもあり、実に沢山の悪事と悲惨に充ちた場所でもある。世――それは、私たち自身、私たち人間である。神によって良く創られ、最初から神の子らであるように定められ、しかも神から離反し、神の敵となり、それゆえに互いの敵となり、またそれゆえ一人一人自分自身の敵となっている私たち自身である。まさにそのような世を神は愛された。世に対して私を――神の子を与えようとされ、また与えられるほどに、世を愛された――またそのような仕方で愛されたと、ベツレヘムの幼児は言われる（ヨハネ三・一六参照）。

「わたしは既に世に勝っている」と、この幼児は言われる。そのようなことを行なうためには、偉大な支配者であることが必要だろう。その通りだ。しかし、そこにはその支配者がいられる。もちろんそれは奇異な支配者である。少なくもあれこれの大陸を打ち破り、征服し、狡猾さと権力で蹂躙できると考えている、他の偉大な支配者たちとは、まったく違った支配者である。それは、貧しい者たちの子として異国の家畜小屋で生まれ、牛やろばがそばにいる飼い葉桶の中に寝かされていた支配者である。しかも、この飼い葉桶の木材が、やがてあの十字架を作るために木材を伐り出したのと同じ森から取ってこられたものでないかどうか、誰が知っているだろうか。なぜかと言えば、この幼児は、世の罪と咎のために屈辱の死に渡されることによって、またそのような仕方で、世に勝たれたのだからである。そのようにして、この幼児は、世を破滅から救い出された。そのようにして、この幼児は、世を神と和解させられた。そのようにして、この幼児は、世を神のために獲得された。そのようにして、この幼児は、世を回復された。そのようにして、この幼児は、私たち人間を、前よりも素晴らしいものとして、私たち自身に返された。

「わたしは既に世に勝っている」と、私たちは聞く。私はやがていつか世に勝つだろう、というのではない。そうではなくて、それは「成し遂げられた」（ヨハネ一九・三〇）のであり、それはすでに起こったのであり、私はそれをすでにしたのである。あなた方に残されているのは、ただ、あなた方が私によって勝たれた世に生きており、私によって勝たれた人間ですでにある、というこの事実を認め、この事実に心を向け、この事実に順応するということだけである。

これが、降誕祭の使信である。「わたしは既に世に勝っている」というそのことを、聞き、承認し、受け入れ、それによって生きるために、私たちは、この聖夜に、みな相共に準備しよう。

しかし、しばらく待ってもらいたい。もしこの言葉を、彼イエス・キリストが私たちに語られたのでなければ、それは、真実であるにはあまりに美しすぎるのではないだろうか。そして、まさにその彼が、私たちが聞いたように、「あなたがたには世で不安がある」という、それとは非常に違った別のことを――しかも先ず最初に、私たちに語られるのである。

〔ドイツ語の〕「不安」（Angst）という言葉は、「狭さ」（Enge）という言葉と関係が深い。不安というのは、私たちを脅かす危険による狭隘化、圧迫、窮迫である。ところで主は、私たちに、不安であってよろしいとか、不安であるべきだとか、不安でなければならないとか言われない。一方また、私たちが不安であるということを、非難もされない。ただ彼は、まったく冷静に、「あなたがたには世で不安がある」ということを確認される。

私たちは、もしかしたら、そのようなことについては、何も聞きたくないかも知れない。そういうことは、降誕祭の季節には――また私たちの降誕祭の讃美歌・ともしび・贈物には、あまりにもふさわしくないと、考えるかも知れない。しかし愛する兄弟方、私たちはよく注意しよう。もし私たちが、「あなたがたには世で不安がある」というこの言葉も同時に聞こうとしないならば、私たちの降誕祭の行事全体が、不誠実なもの――壮大な空想になってしまうかも知れない。ベツレヘムの飼い葉桶の中のあの幼児こそが――ゴルゴタで十字架につけられたあの方こそが、私たちに二つのことを語られるのである。すなわち、「わたしは既に世に勝っている」ということと、「あなたがたには世で不安がある」ということと。もし私たちが、この後の言葉に耳をふさごうとするなら、恐らく前の言葉をも、聞くことなく理解しないことになるだろう。それゆえ私たちは、私たちには不安があるというこの言葉を――私たちの中の強い者にも不安があり、今この聖夜にも不安があるというこの言葉を、それが私たちに語られているままに、誠実に聞こうではないか。

すでに多くの若者たちの不安がある。すなわち、自分自身への不安があり、不気味な困難さをともなって（それを彼らがまだようやく予感していることもあり、またすでに知りすぎていることもあろうが）眼前に迫っている人生への不安もある。

また、老人たちの不安もある。すなわち、身体的・精神的衰弱と苦痛の増大への不安があり、自分の未来全体を自分の背後にしか持つことができず、もはや正当なことのために役立つことができないという思いへの不安がある。

またあらゆる年齢層において、「広場恐怖症」と呼ばれるべきものがある。すなわち、絶えず自分から何かを求め絶えず自分の心を傷つける人々（恐らく特に隣人たち）に対する不安がある。大勢の人々の雑踏に対する不安がある。そういう大勢の人々のまん中にいて、人は奇妙にも、自分がまったく孤独で見捨てられた者であることを感ずるのである。

また私たちが負うことになる重い責任への至極もっともな恐れもある。あなた方に隠す必要もないことと思うが、私自身、説教しなければならぬときには、記憶にある限りいつも——したがって昨日も今日も、不安を覚えてきた。

また（これも極めて重大な問題だが）私たちの掛けがえのない短い生涯の時間や日々や歳月が絶えず過ぎ去るという事実に面しての不安がある。私たちは、まるでおしゃべりでもするかのように、そのような時間を費やしていないだろうか。私たちは、まるでそこから飛び去るように、生きていないだろうか（詩編九〇・九以下参照）。

さらに、危険な破壊的な力をもって私たちを襲うある種の出来事への不安がある。例えば、不気味な姿で忍び寄って来る重い病気への不安がある。またあのデュレネッシュ近傍での飛行機墜落の際に、八十名の人々が、今自分たちが不可避的に何に直面しているかを思わざるをえなかった数分数秒の間に、その飛行機の中で懐いたような、想像を越えた不安もある〔一九六三年九月四日に、スイスのアールガウ州デュレネッシュ近傍で起こった事故〕。またスコプリエで地震の衝撃が次々に襲ってきたときに、その地の人々が懐いた不安もある〔ユーゴスラヴィアのマケドニア共和国の首都スコプリエで一九六三年七月二六日に起きた地震〕。またダムが崩れて洪水が流れこみ、村々全体が水没したとき、ピアヴェ谷の人々が懐いた不安もある〔北イタリアのピアヴェ川の峡谷で一九六三年一〇月一〇日に起きた事件。二千五百名の人々が死んだという〕。

そして、約一ヵ月前の夜〔一九六三年一一月二二日〕、アメリカの大統領暗殺の衝撃的な報道が伝えられ、さらにその翌日にその暗殺者が殺されたという不快な報道が伝えられたときに、私たちを捕えたのは、やはり大きな不安ではなかっただろうか。すなわち、起こるかも知れぬことへの不安――端的に言って、人間社会の生活の中でどんな瞬間にも現実化し得ることが明らかな恐ろしい可能性への不安ではなかっただろうか。

私たちが人類の歴史の中で克服されたと（恐らく数世紀以前に克服されたと）考えていたある種の誤謬や虚偽が、人類の歴史の中で（キリスト者の歴史の中でも）、絶えず新しく姿を現わし力を得るのを見るということは、やはり不安を掻きたてはしないだろうか。私たちは一つの巨大な精神病院の中にいるのだという思いが、しばしばわき起こってこないだろうか。そしてそれは、不安を掻きたてる思いではないだろうか。

そして言うまでもなく、私たちは、原子爆弾に対する不安と共にいる。原子爆弾については、今日実に多くの人々が、あらわにか、ひそかにか不安な思いを懐いている。そしてもっと多くの人々がそれについて根本的に不安な思いを懐いてくれればと、真剣に願っているだろう。このいまわしい兵器は将来地下でだけ実験が行なわれるとの合意が、先頃成立したことは、素晴らしいことであり、良いことである〔一九六三年八月五日、米英ソ三国がモスクワで部分的核実験停止条約に調印〕。そしてまた、わが愛するスイスが、先週の議決によってこの合意に加わったことも、素晴らしいこと、良いことであった〔一九六三年一二月一八日、スイスの国民議会は、上記の部分的核実験停止条約へのスイスの参加決議を批准した〕。しかし、私たちの地上のあらゆる生命を繰り返し絶滅するのに十二分なほどに、このいまわしい兵器は、すでに大量にあちらこちらに貯蔵されているのではないだろうか。そして、この問題全体は、エレミアス・ゴットへルフ〔スイスの作家。一七九七―一八五四年〕の作品に読むあの死をもたらす黒い蜘蛛の物語を、苦々《にが》しい気持ちで思い出させるのではないだろうか。すなわち、人々はその蜘蛛を念入りに詰め物でふさいだ壁の穴に入れたのだが、やがてある愚か者が来て、その詰め物を取り去って、破滅が進行するにまかせるという話である〔ゴットヘルフの一八四二年の作品『黒い蜘蛛』〕。今日私たちは、「爆弾と共に生きる」必要があるということを、極めて賢明に教えられている〔C・F・フォン・ヴァイツゼッカーに「爆弾と共に生きる」という論文がある〕。それは良しとしよう。しかし、そうだということは、私たちが今日、まさにそのような不安の中に生きねばならぬということなのである。

しかし、それだけではない。あなた方の中の何人かの人は、まさにこの降誕祭に対しての不安を知っているのではないだろうか。すなわち、かつてのもっと良かった降誕日への辛い思い出に対する不安。この季節にこそ感じるようになる寂しさに対しての不安。今日、少しも快活ではありえないのに、快活であれと招かれることへの不安。この降誕祭においてこそ特別親密で率直な交わりを持つべきであるのに、一向にその関係に決着がついていない神への不安。そのような不安を、知っているのではないだろうか。

要するに、「あなたがたには世で不安がある」という確かな事実がここにある。もちろん、私たちがそのことを承認し受け入れるためには、主の言葉が必要である。しかし、事実はこの主の言葉の通りなのであって、私が今ただ暗示的に述べたことを、私たちは、私たちには生の不安があるという一つの言葉に要約することができる。

そして、この生の不安というのは、死の不安と言うこともできる。なぜかと言えば、生の不安というのは、自分の生が死によって——四方から示される生の全面的な結末によって、また無に対しての生の絶望的な引き渡しによって、取り囲まれているということを知るという脅威への大きな不安だからである。私たちは、「だれも働くことのできない夜」（ヨハネ九・四）に対しての不安を持っている。たしかに様々な小さい不必要な一時的な不安もある。しかし厳密に考えれば、それらの不安も、恐らくは深く隠されているであろうが私たちがみな懐いている、大きな生と死の不安の徴《しるし》であり、いわばその徴候なのである。

愛する兄弟方、私たちには世で不安があるという、このことをも、私たちが受け入れ承認するということは、絶対に聖夜の一部であり、降誕祭の使信を聞くための準備の一部である。

しかし、その問題については、これ以上言わないことにしよう。私たちには世で不安があると指摘される、その同じ方が——飼い葉桶の中の御子であり十字架にかかられたあの方が、それに引き続いて、私たちの不安という荒れた大海に向かって、聞き逃すことのできぬような仕方で、

「しかし、勇気を出しなさい」と言われる。

ここで私たちは再び、あの力強く壮大な「しかし」という言葉を聞く。私たちが聖書の他の様々な箇所でも出会う、あの「しかし」という言葉を聞く。そこではその都度、〔先ず〕何か否定できない確固とした真実な事実が、指摘されている。例えば、「それは人間にできることではない」（マタイ一九・二六）とか、「山は移り、丘が揺らぐこともあろう」（イザヤ書五四・一〇）とか、「天地は滅びる」（マタイ二四・三五）とか、「主はわたしを厳しく懲らしめられた」（詩編一一八・一八）とか。しかしその上で、そのような事実に対して、第二の事実が対置される。この第二の事実は、第一の事実を否定しない。それゆえに、抹殺したり抹消したりしない。しかしその代りに、それを小さいものとして示し、それを完全に凌駕する。例えば、「しかし神は何でもできる」（マタイ一九・二六）とか、「しかし、わたしの慈しみはあなたから移らず」（イザヤ書五四・一〇）とか、「しかし、わたしの言葉は決して滅びない」（マタイ二四・三五）とか、「しかし、死に渡すことはなさらなかった」（詩編一一八・一八）とか。そしてここでも「あなたがたには世で不安がある。しかし、勇気を出しなさい」と言われる。

「勇気を出しなさい」ということは、何か別のことを考えなさい、ということではない。また、あなた方を不安にするものを跳びこえなさい、ということでもない。また、不安から逃れて、例えば、何かの娯楽や忙しい仕事や激しい事業に没頭しなさい、ということでもない。あなた方は、自分自身から逃亡できないように、不安から逃亡することはできないし、逃亡しないだろう。そして、私たちが注意しなければならないことは、そのようにまったく不可能であるのに――したがって無用なことであるのに不安から逃亡しようとするのは、あらゆる悪とあらゆる新しい苦しみの原因となるのが常である、ということである。

「勇気を出しなさい」ということは、目を開いて上を見よということである。すなわち、あなた方の助けがそこから来る山を仰げ（詩編一二一・一参照）ということである。そして、前方に目を注げということである。すなわち、あなた方の道の打ち開かれた次の数歩に、目を注げということである。そして、自分の足でしっかり歩め、勇気を持て、ということである。そしてさらに、いささか快活であれ、ということである。しかも、まさにあなた方がいる所で、したがって不安のただ中で、あなた方が疑いもなく懐いている不安のただ中で――大きな生の不安と死の不安のただ中で、そのようであれ、ということである。

その通りにちがいない。しかし、私たちにそのようなことが可能だろうか。私たちが実際には用いることができないようなものが――それで何ごとも始められないようなものが、善意ある人の助言・激励以上のものであり得るだろうか。それに対する答えとして、次のように言うことができるだろう。すなわち、「たしかに自分自身からは――自分自身の考えや見解や決意によっては、勇気を持とうとすることはできず、まして勇気を持つことはできないだろう。しかし、真に神の子にして人の子として自ら世に来り（私たちがそこで不安を懐いている世に来り）、そのただ中で自ら最大の不安を懐き（『わが神、わが神、なぜわたしをお見捨てになったのですか』マルコ一五・三四）、そのことによって世に勝ち、世を神と和解させ、そうすることによって私たちが懐いている不安に限界を定められたあの方から、勇気を持つことが許されているし持つべきだということを告げられることによって、一人残らずすべての者が、勇気を持つことが可能となる」と。あの方によって定められた限界から、私たちに向けて――闇の中を歩む私たちに向けて、大いなる光が射してくる（イザヤ書九・一参照）。私たちは、その光を見ることによって、またその光に従うことによって、またその光を私たちに送ってくださる方に目を注ぐことによって、また彼に固着することによって、また彼を（人々がそれをそう呼ぶように）信じることによって――すなわち彼の言葉に基づいて、勇気を持つという自由な者になるのである。私たちの不安の嵐の前における安息ではなく、その後での安息でもなく、その不安の嵐のただ中での大きな安息。「苦しみかこみて、なす術《すべ》知らで」〔讃美歌の一節〕というような中での安息。そのような安息のために自由な者になるのである。

私たちが、主が言われるように、勇気を持つことができるかどうかという問いに対しては、当然もう一つ別の答えが語られなくてはならない。誰も自分自身からは勇気を持ち得ないように、誰も自分独りでは、勇気を持つことはできない。しかし例外なくすべての者に、その人が群れへと集められることによって（私的にあの人この人にというのではなく、その群れの構成員すべての連帯の中で）、勇気を持つことが許されまた勇気を持つべきだと語られるのである。すなわち、その生の不安と死の不安の闇の中で大いなる光が照らす群れに対して、そのように語られるのである。あなたは本当に、不安のただ中にあって、天使たちが「いと高きところには栄光、神にあれ」と歌いまた語るのを、聞くことができるだろうか。〔それを知るためには、〕次のような検証を行なわなくてはならない。すなわち、あなたは、天使が歌いまた語った「地には平和」（ルカ二・一四）という今一つのことをも聞くことによって、不安のただ中にあって「いと高きところには栄光、神にあれ」という言葉を聞くことができるのである。――この建物の中にも平和がなければならない。あなたと、ベンチであなたと並んであるいはあなたの後ろに座っている人との間に、平和がなければならない。この房《ぼう》の人とあの房の人の間に、平和がなければならない。囚人たちと看守たちとの間に、平和がなければならない。ここにいる一人一人とそれぞれのわが家にいる家族の人々との間に、平和がなければならない。あなたは本当に、上方にまた前方に目を注ぐことができるだろうか。あなたは、やはり上方と前方に目を注ぎたいと思い恐らくそのためにあなたの助けを必要とする左右の隣人たちにも、目を注ぐのをやめぬことによって、上方と前方に目を注ぐことができるのである。あなたは本当にイエス・キリストに、あなたの救い主として固着し、彼を信じることができるだろうか。あなたは、あなたの周囲にいる人々（それがあなたにとって愉快なことか不快なことかは別にして）の中に、何らかの「人々」の群れを見出すのではなく、彼らすべての者の救い主であるイエス・キリストによって愛せられ召された共同体を見出すことによって、上方と前方に目を注ぐことになるだろう。この世のただ中で——したがって不安のただ中で、あなたが神の子と呼ばれることを許され、また神の子であることを許されるということは（Iヨハネ三・一参照）、まったく確かなことだろうか。あなたは、他の人々と（彼らもイエス・キリストの兄弟であり、したがって神の子らなのだから）あなたの兄弟たちとして交わることによって、確実に神の子と呼ばれまた神の子であることを許され、神の子と呼ばれまた神の子であるべきである。これが、私たちすべての者にとっていつも、「実地検証」なのである。しかしなぜ私たちが、そのような検証に耐えないということがあるだろうか。

したがって私たちは、この聖夜に、私たちが懐いている不安のただ中で勇気を持つことを許され勇気を持つべきであり勇気を持ち得るということを、聞くための準備をしよう。さらに、そのことを、同じ主また救い主が約束されたし再び約束することを欲していられるすべての人々との交わりの中で、聞かせてもらうための準備をしよう。

私たちは、毎年新しく聖夜を祝う。私たちはそれを、去年祝ったように――そしてもし私たちがまだ生きていれば来年も祝うであろうように、今日祝う。そしてその都度、その翌日には、降誕祭を祝う。私は最後に、次のことをつけ加えて言っておきたい。すなわち、この時間の中での私たちの生の全体は、もともと、偉大で決定的で永遠で唯一の降誕祭準備のための（人類についての神のすべての道の目標であり、私たち一人一人の人間についての神の道の目標でもある、あの永遠の降誕祭準備のための）唯一の聖夜であることを許され、またそのような聖夜でなければならないのである。それゆえ私は、そのような永遠の降誕祭について語った、聖書の最後の書の結末の数節を、今読もうと思う。「わたしはまた、新しい天と新しい地を見た。最初の天と最初の地は去って行き、もはや海もなくなった。更にわたしは、聖なる都、新しいエルサレムが、夫のために着飾った花嫁のように用意を整えて、神のもとを離れ、天から下って来るのを見た。そのとき、わたしは玉座から語りかける大きな声を聞いた。『見よ、神の幕屋が人の間にあって、神が人と共に住み、人は神の民となる。神は自ら人と共にいて、その神となり、彼らの目の涙をことごとくぬぐい取ってくださる。もはや死はなく、もはや悲しみも嘆きも労苦もない。最初のものは過ぎ去ったからである』。すると、玉座に座っておられる方が、『見よ、わたしは万物を新しくする』と言われた」（黙示録二一・一―五）。アーメン。

《説教後の祈り》

主イエス・キリストよ、もしすべてのことが空しいことであるべきでないとしたら、あなた御自身が、今私共のもとに来られるにちがいありません。そして私共に向かって、私共のためのあなたのこれまでの存在と行為の栄光について、あなたの現在の存在と行為の栄光について、またあなたの将来の存在と行為の栄光について、語ってくださるにちがいありません。そしてまた、私共には世で不安があるという、冷静な真実についても、語ってくださるにちがいありません。しかし何よりも、私共が今もそしていつまでもあなたに固着してよいのだという、喜ばしい希望について、語ってくださるにちがいありません。私共は、実に貧しく、耳も聞こえず物も言えない者たちです。どうか、あなたの言葉を聞くことができるように、私共の耳を開き、私共が互いにあなたの証人であり得るように、私共の口を開いてください。

私共があなたによって呼び集められて、完全にあなたの民となり完全にあなたの共同体となるために、御言葉を私共すべての者に語ってください。私共が単にキリスト者と呼ばれるだけでなく、絶えず新しくキリスト者となるために、私共の一人一人に、御言葉を語ってください。私共の家庭のすべての者たちにも、御言葉を語ってください。すべての大陸にあるすべての牢獄のすべての囚人たちに、御言葉を語ってください。あの病院にいる病人たち、苦しんでいる人たち、死に瀕している人たちに、御言葉を語ってください。この降誕祭の時にも多くの気持ちの苛立っている人々、慌ただしくしている人々、疲れ切った人々に、御言葉を語ってください。悲しんでいる人々と反抗的な人々に、あまりにも表面的な人々とあまりにも思慮深い人々に、あまりにも信仰的な人々とあまりにも不信仰な人々に、御言葉を語ってください。両親と子供たちに、教師たちと著作家たちと新聞記者たちに、私共の官庁と裁判所の職員たちに、牧師たちとその教会員たちに、諸国民の中の大きい者たち・強い者たち・小さい者たち・弱い者たちに、御言葉を語ってください。あなたが御言葉を、あなただけが私共に語り得るように語ってくださることが、私共には必要です。そしてどうか私共すべての者に、良い降誕祭を与えてください。明日、そして私共の日々とすべての者たちの日々との目標において、またそれらの日々の終りにおいて。
世の罪を担う神の小羊なるキリストよ、どうか私共を憐れんでください。そして私共に、
あなたの平和をお与えくだささい。アーメン。

（井上良雄訳、一二巻・165―179頁）

115　しかし勇気を出しなさい

解説

本編も一九六三年一二月二四日聖夜になされたバーゼル刑務所での説教であり、彼の最後の説教集『私を呼び求めよ！』に収められている。

バーゼル刑務所での説教について概略は前編の解説に記した。ここではバルトの書き残しているところにしたがって説教理解の参考として刑務所の礼拝に関していくつかのことを記しておきたい。

刑務所説教の特徴は、第一に聖書の短い言葉が取り上げられていることである。それ自身が一つのメッセージでもある聖句をバルトは明快に説き明かして福音を宣べ伝える努力をおしまなかった。第二に祈りが重要な位置を占めていることをあげてよいであろう。説教前の祈りにはじまり、説教後には比較的長い祈りがささげられ、それが記録された。説教の終わりの祈りは第一次大戦の始まった直後の一九一四年八月二日の説教に例外的に記されているほか、ザーフェンヴィル期にはなくて、一九三五年にバーゼルに来てからの説教に散見されるようになる。バーゼル刑務所の説教では、祈りから始まり、祈りまでが説教という自覚がつよく出てきた。『捕らわれた者に解放を』（一九五九年）の前書きにバルトはこう記す、「そこで私に委託された礼拝の準備においても、また執行においても、私には祈りが、少なくとも説教そのものと全く同じくらい大切なものになりました」。祈りからはじまる「礼拝は説教に向かって上昇していく。説教において神への呼びかけは、（長いよりは短い方が良い！）聖書の御言葉の講解と適用のうちに語りかけとなり宣べ伝えとなっていく。礼拝はそこから終わりの祈祷〔説教後の祈り〕へと下降して形づくられる。そこでは、説教の内容が（もう一度、神に直接呼びかけるという形のうちに）、簡潔に要約され、とりわけ礼拝が、できるだけ広い範囲に及ぶとりなしの祈りとして……外へと、他のすべての人たちへと、他の教会や世界へと広げられていかなければならない」（『祈り』川名勇訳、一九六三年）。説教後の説教者自身による祈り〔終わりの祈り〕とはとりなしの祈りである。そのとりなしは一九五九年三月二九日の説教では前年秋にローマ教皇に選出されたヨハネ二三世にまで及んだ（『説教選集』第一一巻）。

本編の説教後の祈りに少し目を向けてみよう。バルトはそこではじめに「説教の内容」をもう一度「簡潔に要約」する。すなわち、イエス・キリストに私たちは世の不安のただ中にあってなおいつまでも固着し希望してよいのだと。そうした上でこの御言葉をすべての者に語ってくださるようにと、そのとりなしの祈りは広く、大きく、世界へと向けられた。本編は複数のラジオを通して放送され、テープでも世に出まわった。テープに収録されたテキストもドイツ語版バルト全集に収録されている。ほとんど違いはないが、この終りの祈りは省かれている。

この説教は、最後の聖句「わたしは既に世に勝っている」から始まり、「あなたがたには世で不安がある」に戻り、聖句の中心の「しかし、勇気を出しなさい」に向かっていく。不安の嵐のただ中で勇気をもつことができるのだろうかという問いを最後に取り上げ、誰も自分独りでは勇気をもちえない私たちが、一緒に約束を聞くことのできる人々の交わりの中で聞かせてもらう準備をしなさいと勧める。「証言の過程（道筋）」としての聖書テキストが会衆と共に辿り直される。こうして辿られるのは証言の道筋であって言葉の順序ではない。

私たちの生の全体は永遠の唯一のクリスマスの唯一の聖夜だという、心に残る言葉がちりばめられた本編はバルトの代表的な説教の一つであることは間違いない。

第 II 部　レント・イースター説教

罪の赦し

一九一七年四月六日、受難日、ザーフェンヴィル

〔キリストは〕規則によってわたしたちを訴えて不利に陥れていた証書を破棄し、これを十字架に釘付けにして取り除いてくださった。（コロサイ二・一四）

聖金曜日には、われわれは、人間について、その悪や悲惨を考え勝ちである。そこでは人間が被告席にいるということ――それは明瞭である。キリストを拒否し十字架につけたのは、人間である。そして、人間は、今もなお彼を十字架につけている。今日、全ヨーロッパが一つの大きな

ゴルゴタではないであろうか。すなわち、そこでは人々が今日でも二千年前と同様に「われわれはこの人がわれわれを支配するのを欲しない」と叫び、キリストが今日でもその幾百万の兄弟たちにおいて血を流さねばならない、ゴルゴタではないであろうか。そうだ、われわれ人間は、そのような者である。今日〔この戦争の時にあって〕、そのように語るのは、極めて当然のことであろう。あなた方は、私がそのように語るのを、ほとんど期待していられるのではないであろうか。それをあなた方は、すでに予期していられるのではないであろうか。「われわれが誰であり、われわれが何をし、われわれが結局は何をひき起こすかが、またもや明白になったのだ」というふうに。そして、ちょうど投光機の光のようにわれわれの上に注がれるであろう真理を思い浮かべて、あなた方は、いささか物おじしていられるのではないであろうか。ああ、聖金曜日を迎えて、われわれは、何という厳粛な思いでいることであろう。また、何というおごそかでしかも多少不安な気分を味わっていることであろう。また、これは、（われわれは、救い主の死を思うとき、否応《いやおう》なしにそのことを思わざるをえないが）人間とその罪と危急に対しての、何という告発であることであろう。

もっとも悪いことは、この告発が、たとえわれわれがそれを無視し忘れようとどれほど熱心に努めても、単に今日だけでなく実は常に存在しているということである。この告発は、ちょうど蔭のように、われわれの生全体の上に広がっている。われわれが生について思案する場合（われわれは時折そういう思案をせざるをえなくなるが）、この告発は、たちまち姿を現わす。時にはより多くわれわれ自身に対しての告発として、また時にはより多く他の人々に対しての告発として。浅薄で幸せでお人よしの人間が、何かのはずみで深刻で良心的で真剣な人間になった場合に、彼らがこの生の厳粛さについて知らねばならぬ第一のことは、人間とその本性に対して発せられなければならないこの告発・非難・抗議である。人が公の生活に参加するというだけでなく潔白な良心をもって参加しようとする場合に、彼は、何よりも国家や社会の中に支配している力に対して、告発し抗議し叫ばざるをえない。それが彼にとって真剣な問題であればあるほど、彼は、鋭くそうせざるをえない。牧師にとって、彼の職務と地位だけでなく今一度語られ聞かれるべき神の御言葉が真剣な問題となる場合には、恐らく彼は、来る年も来る年も告発し続けるということ以外には何もできないであろう。あるいは、彼が語ることのできるすべてのことは、人間に対しての告発と理解されても、まったく間違いとは言えないであろう。われわれは、そこでは、実に恐るべき重圧のもとに立っているのである。そして、もっとも恐るべきことは、われわれが「そうあるより他はないのだ」と告白せざるをえないということである。なぜかと言えば、自分自身と人生を多少でも知っているすべての人には、次の事実は明らかだからである。すなわち、一見平穏にわれわれがその上を歩いている、人間の正義と安全性と重要性という薄い皮膜を、指で突き破りさえすれば、たちまちわれわれは、われわれのすべての存在と行為を問題視するこの大きな告発という地下の燃えさかる根底に、突き当たるのである。すなわち、「あなた方は自分の生をどうするのだ」「何という間違った贋《にせ》物の世界を、あなた方は自分のために、毎日築いているのだ」「その一番深いところには、どれほどの偽りと不正があることだろう」「あなた方は、どれほど、自分自身をはずかしめていることだろう」「あなた方は、どれほど、兄弟たちを悪用していることだろう」「あなた方は、どれほど、神の御名を、自分たちの本性で冒瀆していることだろう」「アダムよ、お前はどこにいるのか」〔創世記三・九〕「カインよ、お前の弟はどこにいるのか」〔創世記四・九〕と。――これが、われわれの生を覆っている蔭である。

教会は、来る年も来る年も、この蔭の中深いところに立っている。教会は、神について語られる場所である。しかし、神の御名を想起するとき、われわれのもとでは神は聖とされないということ以外に、われわれは何を思いつくことができようか。また、神の御国を想起する際に、御国を自分たちの所に来らせていないということ以外に、われわれは何を思いつくことができようか。また、神の御こころを想起する際に、御こころは天において生起しているようには地上で生起していないということ以外に、われわれは何を思いつくことができようか。教会が神について語り得る最上のことは、「神はわれわれを、自分自身と他の者たちに関して不満に充ちた者たらしめ給う」ということである。もし教会が、このことを、もっと声高に語るなら、どのように素晴らしいことであろうか。しかし一方で、そのような精一杯告発的な教会が、人々によって敬遠されるということは、不思議なことではない。

　人間の進歩を目ざすあらゆる努力や運動は、この蔭の中深いところに立っている。貧しい人々を助けることに誠実にかかわる人は、富んだ人々を告発せざるをえない。飲酒癖に反対して誠実に何かをしようとする人は、われわれの社会的風習に抗議せざるをえない。平和のために誠実な人は、われわれの政府や支配階級に逆らわざるをえない。到るところにこの告発の蔭があるのであって、告発する者は、この蔭の下で、非常な苦しみをなめざるをえない。したがって、多くの良いこと・必要なことが行なわれないということも、不思議ではないのである。なぜかと言えば、多くの人々は、「もし私が誠実にそれに参与しようと思えば、私は、不可避的に発せられるそれらすべての告発を、何よりも自分の責任として引き受けなければならない」ということを、感じ取るからである。そこで、われわれは、できることならば引っこんでいたいと、思うのである。

　そうだ、一般的に言って、真剣な人間は、そのような蔭の中深いところに立っているのである。なぜかと言えば、「真剣である」ということは、個々の人間全体に対して発せられているこの告発を認識しそれを正しいと認めることに他ならないからである。人間が真剣になるとき、彼には罪が大きなまた重大なものになるのである。われわれの良心も聖書も牧師も、われわれにそのことを語らないであろうか。そして、彼らが語る通りなのではないであろうか。特にキリスト教界においては、もっとも厳しくわれわれの罪を非難し描写し恐るべきものとする人こそが、もっとも立派な聖職者と、考えられているのではないであろうか。しかし、実に多くの人々がそのような真剣な者になろうとしないということも、もちろん何ら不思議なことではない。彼らは、あの巨大な生の蔭から逃亡し、われわれすべての者に対しての告発から逃亡する。しかも、その告発を免れることはできない。そして、その告発を聞くことを欲しない場合でも、われわれは、そのことを感じないわけにはゆかない。そして、われわれが真剣になることを欲しない場合でも、あるがままの生は、十分に真剣であって、どのような仕方でか、またいつの日にか、あの大いなる告発は、一人一人の人間のもとにやって来るのである。

　そのような告発を、使徒パウロは、「わたしたちを訴えて不利に陥れていた証書」と呼ぶ。聖金曜日に、人間が打ち建てたキリストの十字架のもとで、この証書をくり広げ、幾度となくくり返し「われわれ人間とは、そのような者たちなのだ」と言うのは、極めて当然のことである。したがって、ここでパウロがわれわれに、「否、決してそうではない、聖金曜日においてもそうではなく、他の場合にもそうではない」と答えているのは、何という不可解な大胆さであろうか。このわれわれを不利に陥れる証書に書かれたすべてのことは、真実である。それは、まったく真実であり、あまりにも真実である。ああ、あなた方、人間に対しての道徳的・社会的・宗教的・民主主義的等々の告訴者たち・告発者たち。すべてのことは極めて真実だ。あなた方が主張することは極めて真実だ。しかし、ある別の事柄こそが、完全に真実であり、もっとも深い根底において真実なのだ。聞け、「キリストは、規則によってわたしたちを訴えて不利に陥れていた証書を破棄し、これを十字架に釘付けにして取り除いてくださった」。それでは、あのゴルゴタでは、人間に対しては、有罪の判決が下されなかったのか。そうだ、ゴルゴタにおいてこそ、決してそのようなことは起こらなかった。それでは、われわれが真剣である場合にわれわれが聞いて恐れを覚えるあの告発は、生におけるもっとも深いもの・本来的なものではなく、われわれに対しての神の真の御言葉ではないのか。否、そうではない。より一層深いものが存在する。すなわち、神は、この御言葉よりさらに真実な一つの御言葉を、語り給うたのである。それでは、真剣さは――生の真剣さ・罪の真剣さ・「善意」の真剣さは、神が根本的にわれわれのもとで求め給うものではないのであろうか。そうだ、それは、神が求め給うものではない。もちろん、われわれは、真剣でなければならない。われわれは、真剣さの中に入りこみ、真剣さの中を通過しなければならないが、しかしわれわれは、そこに留まっていてはならない。なぜかと言えば、神が根本的にわれわれから欲し給うのは、別のものだからである。それでは、その黒い翼をわれわれの生全体の上に広げるあの憂鬱で暗い聖金曜日の気分は——われわれがそこでは人間についてのあらゆる悪と悲哀を進んで聞こうとするあの聖金曜日の気分は、空虚なものにすぎないのか。そうだ、それは本当に空虚なものにすぎない。あるいは、それは人間的なものであって、神的なものではない。それでは、われわれは、救い主の十字架を前にして嘆息してはならないのであって、むしろ安堵の息をつくべきなのであろうか。そうだ、救い主の十字架が意味しているのは、まさにそのようなことなのである。したがって、われわれは、神の口から、「おお、汝ら人間よ」という嘆息まじりの告発よりもっと偉大なことを聞き取らなければならない。そうだ、われわれは、それを聞こうとしなければならないのである。それでは、われわれのいかめしく悲劇的で暗鬱な真剣さよりもさらに真剣なものが、あるのであろうか。そうだ、われわれのいかめしさなど少しも必要としない神の真剣さが、あるのである。したがって、聖金曜日は本来悲しみの日ではなくて、喜びの日である。そうだ、それはまさにそのような日なのである。私たちを不利に陥れたあの証書は、どこにあるであろう。キリストは、そのような証書を破棄し、十字架に釘付けにして取り除かれた。証書は、聖金曜日に全世界に告知された神の新しい真実な御言葉によって、処理され、除去され、無効にされた。そのことを、われわれは、今日、救い主の十字架のもとで聞こうと思う。今日も明日も、全生涯にわたって、聞こうと思う。

このわれわれを不利に陥れる証書は、いったいどこから来るものなのであろうか。そしてまた、われわれがこの証書を凝視する際の真剣さ——しかも、もしできればそれをもう一度はらい落としてしまいたいと思う真剣さは、いったいどこから来るものなのであろうか。それは神から来ると、われわれは考える。そうだ、それは、何らかの仕方で神に由来するであろう。しかし、それは恐らく、われわれが考えているのとはまったく違った仕方で、神に由来するのである。われわれが今ここで思い起こす次の事実は、何と注目すべきものであろうか。すなわち、すでにイスラエルの民は、シナイ山で、神について、彼らがその前に恐れてひれ伏した雷と稲妻と厚い雲以外には、何も認めることはできなかったのである。われわれは、神のことを考えようと試みる。あるいは、一般的に一段高いもののことを考えようと試みる。ところが、たちまちわれわれは、「ああ、われわれ人間は、何という代物《しろもの》だろうか」と、嘆息せざるをえない。われわれは、良心の声を聞き取り、驚愕する。これまでの浅薄さがわれわれを苦しめ、われわれを悲します。われわれは、悔改める。ところが、われわれは、他の人々に敬遠されるような苦々しく不機嫌な人間になってしまう。われわれは、われわれが真理と呼ぶものを語ろうと試みる。ところが、われわれの声はしわがれ甲高《かん》い叫びとなり、すべての人が逃げ去ってしまう。われわれは、新しい道を開き、その道を進んで行きたいと思う。ところが、それは、他の歩行者たちとの気まずい決着や対決で行きづまって、その先へは進まない。われわれが牧師であれば、われわれの説教からは、ただ「否」だけが、非常に声高にはっきりと理解しやすく響いて来ることになる。われわれが会衆であれば、われわれは、攻撃と皮肉だけを聞くことになる。われわれが社会主義者であれば、われわれは、非難したり批判したりすることしかできない。あるいは、そのように理解されることになる。われわれがウィルソン大統領〔この説教が語られた当時のアメリカ大統領〕であり、世界の半分に平和を告げたいと思えば、自ら世界の他の半分を火炎の中に投げこまねばならないことになる。われわれが神を愛そうと思えば、神を恐れねばならないということになる。われわれが人間のために何ごとかをしたいと思えば、彼らに対して宣戦を布告せざるをえないことになる。われわれが誠実でありたいと思えば――そしてわれわれが誠実になればなるほど、われわれは、いよいよ深くあの非常な告発の蔭の中に入りこむことになる。われわれが「真剣」になる場合にこそ、事態は実はまったく悪化する。われわれが人間的に言って最高の頂に登る場合にこそ、われわれのもっとも深い深みは、あらわになる。光が増大すればするほど、蔭も増大する。熱意が増大すればするほど、罪も増大する。道徳と理想が増大すればするほど、虚偽と冷酷も増大する。判断力が増大すればするほど、断罪も増大する。キリスト教が増進すればするほど、実際上の無神性も増進する。これは、何という奇妙な事実であろうか。しかしそれにもかかわらず、われわれはやはり、誠実で真剣であらざるをえず、神を信ぜざるをえず、高い目標を追求せざるをえず、真理を語りまた聞かざるをえない。そうだ、われわれは、そうせざるをえない。しかも、われわれは、そうしながら、実際には極めて不幸である。それはなぜかと言えば、あの「私たちを不利に陥れる証書」がくり返し出現し、われわれ自身に向けられわれわれ自身が他の人々に対して発しなければならない告発が、くり返し出現するからである。われわれはみな、その仕事やおしゃべりや娯楽によって少なくもしばらくの間はそれらすべてのことを忘れてしまえる幸福な人々を、うらやましく思ったことは、ないであろうか。もしいつまでもそれらのことを忘れていられるとしたら、われわれも、彼らと同じようにしないであろうか。ああ、もしわれわれがいつの日にか、シナイ山のあの雷と稲妻から——絶えずわれわれに敵対し人間に敵対する神から、逃れることができれば、われわれはその代りに、あらゆるものを与えることだろうに！

そこでそのようにわれわれが関わるのが、神なのであろうか。言いかえれば、以上のようなすべての事実は、われわれは決して神と関わっているのではないという証拠ではないであろうか。確かに、「わたしたちを不利に陥れる証書」は、神への一つの想起である。それらすべてのことの背後に何らかの仕方で立っていられるのが、仮に神でないとすれば、われわれは、それらのことを、気軽に考えることもできるであろう。しかし、われわれが自分が告発されていると感じ他の人々を告発せざるをえない場合、それは、神への一つの想起なのである。ただしかし、それは、そこではすべてが別のものになってしまった人間的想起にすぎない。われわれは、神の意図を忘れてしまったのである。神の意図は、われわれに敵対するものではなく、われわれに味方するものである。「汝らは善い者であることが許されているし、それが可能である」というのが、神の言おうとされたことであった。ところが、われわれは、それを、「われわれは立派な者でなければならない」と、理解した。神は、われわれに、善意の自由を与え給うた。ところが、われわれは、それを、道徳の強制に変えてしまった。生命——それが神の言おうとされたものであった。ところが、われわれは、それを、教会と牧師、教師、党派と警察、というような言葉に翻訳してしまった。喜び——それが神が考え給うたことであった。ところが、われわれは、厳しい真剣さのことを考え、人間は有能であればあるほど真剣なのだと考えた。力——それが神の言おうとされたことであった。ところが、われわれは、それを、熱心・焦燥・興奮・性急な言葉と運動と理解した。愛——それが神が言おうとされたことであった。ところが、われわれは、それを、われわれがそれで互いに生命を傷つけ合う不愉快な強要と活動と理解した。そのようにして、われわれは、神の意図をいつも誤解してきたのである。すでに学者・パリサイ人は、神を理解しなかった。それゆえに、「わたしたちを不利に陥れる証書」は、「規則」から成り立つより他はなかったし、くり返し「規則」から成り立っている。そうだ、あの証書は、そのような「規則」から成り立つより他はないのである。われわれは、そのような「規則」の中にくり返し迷い入り、それだけをいつも到るところで聞くより他はない。すなわち、この規則は、われわれの良心においても、聖書においても、教会においても、新聞においても、会話においても、到るところで、われわれに対して告発の光を発する。それはなぜかと言えば、われわれが神を理解していないからであり、神がわれわれにとって無縁な方であるからであり、さらにそこには神がいまさないから、と言うよりも、われわれが神の背後にいるからである。われわれを脅かす告発によってわれわれを恐れさせ苦しめるのは、神であるが、しかしそれは、神御自身ではなくて、実はわれわれが保持して来た、逆転した神への想起にすぎない。すべてのものがひっくりかえって歪んで映る鏡があるように、道徳とかキリスト教とか宗教とか党派とか生の厳粛さとか呼ばれてはいるけれどもわれわれ自身に基づきわれわれの神との無縁性に基づくものにすぎない、様々な思想・見解・原則・習慣という誤った鏡の中に、われわれは神を見る。われわれを支配しているそれらの「もろもろの支配と権威」〔コロサイ二・一五〕の中で、われわれに現われ給うのは神であるが、しかしそれは、神御自身を認識していないわれわれに理解可能であるような神であり、いわば神の幻である。そして、われわれが（神なしに）熱心であり真剣であればあるほど、いよいよわれわれは、神を理解せず、神から遠ざかる。われわれは善を知っているので、その善を行なわないということが、われわれにとっていよいよ悪いことになる。われわれは神を信じているので、われわれが神の前で無であるということが、われわれにいよいよ明らかになってくる。われわれはキリスト者なので、われわれがキリスト者であろうとする場合には、まったく絶望して邪悪な者になるか、あるいはこれもよくあるようにまったく無関心で呑気で浅薄な人間になるか、そのどちらかであるより他はない。「律法は怒りを招く」〔ローマ四・一五〕。「律法が入り込んで来たのは、罪が増し加わるためであった」〔ローマ五・二〇〕。「わたしはなんと惨めな人間なのだろう。死に定められたこの体《からだ》から、だれがわたしを救ってくれるだろうか」〔ローマ七・二四〕。神は、われわれに敵対し給うのである。

　しかし、待て。神に対してのわれわれの間違った想起から生まれたそのような迷路の中で、われわれは迷ってはならない。そのような迷路を、神が造り給うたのではない。その中を走って疲れたり病気になったりするように、神がわれわれに強制し給うのではない。一体イエスがされたことは、何であろうか。彼は、忘れられ誤解された神の意図を、今一度明らかにされたのである。彼は、単に神への想起を持つのではなくて、神御自身を持ち給う。彼にとって神は、疎遠な方ではなくて、もっとも自明で熟知された存在――遠い方ではなくてもっとも身近な存在であった。彼は、神を誤った鏡に映して見るのではなく、顔と顔とを合わせて見給うた。それゆえに、彼にとって神は、恐怖ではなくて喜びであり、善は、強制ではなくて自由であり、愛は、必要ではなくて許可であり意欲であり行為であった。ああ、この救い主の生涯においては、神の本来は隠されていた本質が、どれほど驚くべき仕方でまた完全に示されたことであろう。すなわち、すべての悪を放棄させすべての善をおのずから成長させるために教会も学校も警察も党派も役所も必要とし給わない活ける神。痙攣的な努力も戦いも必要とせず、ただ一言語れば、罪の束縛もマンモンの砦も病気の城も、さらに死の桎梏さえも崩れ落ちてしまう強い神。愛そのものであって、彼が私をまたわれわれを愛し給うということだけが世に対して彼が与え給うものなのであるから、特別に愛を示すようなことを語ったりしたりする必要のない神。そのような神を、救い主の生涯は、どれほど驚くべき仕方でまた完全に、示し給うたことであろう。見よ、御自身にとっては、神がもっとも通常で普通の存在であった人――そのような人で、イエスはあり給うた。彼は、より良い星にではなくこの地上に生きる人間にすぎず、天使ではあり給わなかった。彼は、人間のすべての罪と苦しみを御自身の身において経験し、最後には死をも身に負い、そのようにしてあらゆることにおいて、神とは疎遠なわれわれの大きな世界の中に完全に入り来たり給うた。そして、あのもっとも恐るべきことをも、彼は、御自身において経験し給うた。（それは、ちょうど、人間が、神を理解せぬゆえに、あのもっとも恐るべきことの代りに「わたしたちを不利に陥れる証書」をくり広げなければならないのと同様である）。と言うわけは、イエスを拒否して十字架につけたのは、単純に「罪人」というような人々ではなく、われわれが戦争やすべての悪に対して責任があると考えたがる支配的人間・享楽的人間・守銭奴ではなくて、むしろわれわれすべてがそうあるような、そしてわれわれの中の最上の人々がそうでなければならないような、敬虔で・正しくて・熱心で・回心し・申し分のない心を持ち・神と善とに感激し・激しく悪と戦う告発者たちであったからである。イエスは、そのような非常な告発のもとに身を置き、われわれがその中にあってうめいている律法と怒りの暗い蔭のただ中に身を置き給うた。彼は、義人たちによって、「罪人」として、棄てられ排斥され処刑され給うた。そして、われわれが好んでするように彼らを逆に攻撃するというようなことを、一瞬もし給わなかった。彼は、われわれには神が疎遠な方であるためにわれわれがそうするしまたそうせざるをえないように、罵られて罵り返すということをし給わなかった。彼は、われわれが神の事柄では決してない自分の「事柄」のためにするように、突然防衛と反撃を始めるということをし給わなかった。また彼は、われわれが神について知らぬために習慣としているように、それら義人たちの無神性を彼ら自身の責任とし、彼らに優越した相手方として彼らを叱責するというようなことをし給わなかった。むしろ彼は、彼らを、その行ないにおいて極めてよく理解し、「父よ、彼らをお赦しください。自分が何をしているのか知らないのです」〔ルカ二三・三四〕と語られたように、理解に充ちた非常な憐れみをもって、彼らを理解し給うたのである。また彼は、ただ人間によってだけ引き起こされた御自身の恐るべき苦しみを、告発として人間に対して向けることをせず、「ここでは、あなたなしの状態が、いつまで続かねばならないのですか」という嘆願・呼びかけとして、すべての人間の名において、さらに御自身の敵の名においても、神に向け給うた。「わが神、わが神、なぜわたしをお見捨てになったのですか」〔マタイ二七・四六〕。しかも、彼は、神を避けず、正しい叱責や抗議や批判の圏内に引き入れられることをせず、むしろ最後まで、すべてのことを神からだけ期待し、彼が代表せねばならなかった神の力と愛からだけ期待し、最後まで神の曇りのない意図を輝かせ、告発という蔭の国のただ中に、新しい領域を——活ける神の領域を、造り給うた。——見よ、これが、イエスが聖金曜日になし給うたことである。

　そのことによって、イエスは、新しい時を開始し給うた。それが、われわれがその中にいるこの時である。それゆえに、われわれは、聖晩餐においても、彼の血による「新しい契約」を祝う。

彼以前の時は、神なき人間の時であった。彼以後の時は、人間のもとにいます神の時である。彼以前には、世界は、神の蔭の中にあったが、今は神の光の中にある。それゆえに、以前には、告発が――「わたしたちを不利に陥れる証書」が、効力を持ち存続していて、人間は、悪や人間の罪以上に重要なものを、何も考えることはできなかった。しかし、今では、告発は廃棄され、証書は抹消され、われわれは、自分や他の人々の罪よりもさらに重要なものを、考えることができる。すなわち、自由が存在し、喜びが存在し、生命が存在するのである。以前には、われわれは、悲痛な拒否的な「否」だけを聞いていたが（ただし、この「否」は、神についてのわれわれの誤った像に由来するものにすぎなかった）、今や活ける神が啓示されて、その神がわれわれに「然り」と語り給うのである。これは、物事の非常な方向転換である。「キリストと結ばれる人はだれでも、新しく創造された者である。古いものは過ぎ去り、新しいものが生じた」（Ⅱコリント五・一七）。

　あなたは、嘆息して、「ああ、もしそれが真実であれば、どんなに素晴らしいことだろう」と言う。しかし、見よ、あなたは、「それは真実である」ということを聞くために、今日この聖金曜日に、教会に来たのである。それは、キリストにおいて、彼の血によって、あらゆる時代にわたって、全世界のために真実となった。「しかし、われわれは、相変らず告発のもとに立ち、自分自身と人々について、相変らず実に様々な悪いこと・悲しむべきことを、思ったり語ったりしている。しかも、そういうわれわれが変るということはあり得ないのだ」と、あなたは考える。そうだ、われわれが、キリストについて思い、罪の赦しを語る神の新しい真実な御言葉について思う代りに、相変らず自分自身と人々について思っているということは、その通りである。もしキリストと神の御言葉について思うことができるのであれば、われわれは、変り得るであろう。人間と人間的なものに目を注げば、告発が効力を持ち存続するし、神に目を注げば、告発はもはや存続しないのである。われわれが下の方に目を向ければ向けるほど、いよいよ律法に基づく神の怒りについて経験するし、上の方に目を向ければ向けるほど、いよいよキリストに由来する喜びが増し加わって来る。

ああ、われわれ、憐れで真剣で厳かで荘重で告発好《ず》きな人間よ。思想や規則の広大な迷路の中で、自分の様々な意見や立場や判断をたずさえた人間よ。そうだ、われわれは、神なしには、われわれが変ることはあり得ない。しかし、神と共にであれば、われわれは変り得る。神御自身が、告発と判決を廃棄し給うたのである。「キリストは、規則によってわたしたちを訴えて不利に陥れていた証書を破棄し、これを十字架に釘付けにして取り除いてくださった」。救い主の死において、この古いものは終った。「これは、わたしの体《からだ》である」「これは、わたしの血である」。そこに、われわれは、われわれのもとに来ようとしている新しい世界の徴を持つ。どうして、われわれが、変り得ないということがあろうか。神がもしわれわれの味方であれば、どうして、われわれが、自ら自分自身に敵対するということがあろうか。

（井上良雄訳、六巻・103—116頁）

解説

本編は一九一七年四月六日聖金曜日にザーフェンヴィルでなされた説教である。トゥルンアイゼンとの共著でバルトの最初の説教集『神を求めよ、さらば生くべし』（一九一七年）に収められた。翌々日四月八日の復活日に語られ同じこの最初の説教集に収められた説教も今回本書に収録されている（本書167頁以下、「永遠の生命」）。聖書テキストも連続しており一緒に読んでいただくのもよいと思う。

一九一七年というとバルトがザーフェンヴィルに赴任して六年目である。世界大戦はつづいており、この年ロシア革命が起こった。バルトも説教でときにこれに言及した（五月一一日の説教など）。教会の牧師としては、説教、堅信礼教育、あるいは家庭訪問などを忠実にこなしていた。労働組合の結成と運動のための彼の活動は活発になされており、女性の工場労働者のため工場主との交渉に奔走し、六月にベルンで開かれたスイス社会民主党大会にはザーフェンヴィルの正式の代議員として参加した（一九一五年一月にトゥルンアイゼンとともに入党していた）。それはこの時期アールガウ州教会の規則によりバルトに関してなされた任期延長確認投票の直前のことでもあった。投票の結果は、二七七票中、承認一八九票、否認四九票、白票三六票、無効三票であったという。その政治的活動によってバルトは必ずしも会員のすべての支持を得ていたわけではなかったが、彼はこれを「六年間に起こったこと全部を考えれば好意的な結果」と受けとめた。この年の末、彼は宗教社会主義運動から、新組織結成の問題をめぐって、これに反対し、トゥルンアイゼンとともに離れたことも記しておかねばならない。

この問われわれにとってもっとも関心のあるのは『ローマ書』（第一版）の執筆状況であろう。牧師館の庭のりんごの木の下でノートを書き始めたのは一九一六年五月一〇日、彼の三十歳の誕生日のことであった。一九一七年三月に五章に入るところで立ち止まることを余儀なくされたのは、資料を渉猟しさらに前進するためであった。それゆえ本編は、イースターの日の説教とともに、そうした研究がなされつつある時の説教であり、『ローマ書』研究の不可欠の資料といってもよい。秋に執筆活動は再開され、「七章が終わった」と書いたのは一九一七年の一二月二四日のことであった。

本説教は聖書のテキスト（コロサイ二・一四）に基づきながら聖金曜日にわれわれが聞くのはわれわれ人間に対する「否」だけではない、「今や活ける神が啓示されて、その神がわれわれに『然り』と語り給うのである」（本書138頁）と語る。この「活ける神の領域」

を造りたもうたのはイエスであった。彼は聖金曜日にすべてのことを神からだけ期待し、最後まで神の曇りのない意図を輝かせ、告発という陰の国のただ中に、新しい領域、活ける神の領域をつくりたもうたのである。この「活ける神」という言葉が『ローマ書』（第一、第二両版）で聖書のまことの神を表すために多く用いられたのは周知のとおりである。調べてみると一九一五年のはじめの頃から、したがってじっさいに『ローマ書』執筆に取り組む少し前から説教で用いられていた。この概念は、当初「未知の神」というような言葉と一緒に現れて神の神性、すなわちその絶対性・超越性における神を含意するために用いられたが、後期になると、むしろ人間との生きた関わりの中に自らを移し入れる神を表すものとして用いられるようになる（「恵み深くない神、人間に味方したまわない神は、偶像であって、まことの生ける神ではない」。「生ける神がわれわれに対して現臨したもうということ、そのことがわれわれの現在をただ単に実在にするばかりでなく、また重みと内容あるものに、それ故重要なものにするのである」。いずれも『教会教義学』「創造論」KD III/2 より）。

イエスと共なる犯罪人

一九五七年四月一九日、受難日、バーゼル刑務所

そこで人びとはイエスを十字架につけた。犯罪人も、一人は右に一人は左に、十字架につけた。（ルカ二三・三三）

《説教前の祈り》

主なる私たちの神よ！

私たちはこの日、世界と私たちすべてに、いかにあなたが善かつ力強い御旨を成就された

かを思い起こすために集められました。それというのは、あなたが愛する御子われらの主イエス・キリストを、私たちが自由になるために、捕われ人とし、私たちが罪なき者となるために、御子を罪あるものと宣告し、私たちが喜びを得るために苦しみに会わせ、私たちが永遠に生きるために、死に渡されたからであります。

私たちは、自分自身によっては、ただ全く失われて行くものにしかすぎません。私たちは、誰一人として、このような御救いに値するものではありません。それにもかかわらず、あなたは、その測り知れない、気高い憐れみによって、私たちにかくも偉大なる御業をなそうとして、私たちの罪と悲惨とを共に担ってくださいました。私たちはこの偉大なる御業を理解し、把握し、承認する以外に、どのようにして、あなたに感謝を表わすことができましょうか。

しかしまた、私たちのために苦しみ、十字架につけられ、死んで、葬られ、しかもよみがえられた、その同じ生ける救い主自らが、今、私たちの中に来たり、私たちの心と良心に語りかけ、あなたの愛に向かって心を開くようにし、私たちがあなたの愛に全く信頼し、あなたの愛によって、否あなたの愛によってのみ生きるよう、お導きくださるのでなければ、どうして、私たちがあなたの御業を理解し、承認することが起こるでしょうか。

どうか、そのことが、あなたの聖なる御霊の力によって起こりますよう、心からなる謙遜をもって、しかもまた確信に満ちて、あなたにお願いいたします。

天にましますわれらの父よ……！　アーメン。

愛する兄弟姉妹！

説教に入る前に、お願いしておくが、受難の物語を、すなわち四福音書が語っているイエス・キリストの苦難と死の物語を、読み返すことを心がけていただきたい。とりわけ今日は最も良く、しかも、一度だけでなく、繰り返し、繰り返し読んでいただきたい。この物語の中には、無限に多くのことが考えられ、読み取れるのである。そこには、全世界の歴史が含まれている。いや、それどころではない、神が私たち人間と交わる全歴史、私たちが神と交わる全歴史が——正しく理解するならば、私たちのめいめい個々人の生涯の歴史が含まれているのである。ほんのその概観を伝えるだけでも三〇分以上の時がなくてはならない、まして、その全体を洞察するには、もっともっと時間を要するであろう。そこで共に考察するにあたって今、この物語の中からほんの一句を取り出してみたい。しかも、ルカ福音書二三・三三の一節を。

「そこで人びとはイエスを十字架につけた。犯罪人も、一人は右に一人は左に、十字架につけた」。

「イエスと共なる犯罪人」、イエスがこのような悪者の中におられる――あるいは、このような犯罪人が、かくも良いお方の中にいるとは、考えただけでも驚くべきことではなかろうか。ところが、思うに、この二つとも本当のことなのだ。第一のことは確かである、人びとは三人の者を皆十字架にかけた、イエスと、その右と左に犯罪人を――皆を同じ公共のさらし物にし、同じように何時間にもわたる苦しみに会わせ、同じように緩慢で厳しい死の訪れに放置した。恐らくイエスと同じ日に、この二人もまたどこかで捕えられ、牢に入れられ、ある裁判官によって死刑の宣告を受けたのち、今、こうしてイエスと共に十字架につけられ、イエスと同じ責任、同じ交わり、そして、もはや解くことのできぬきずなによって結ばれたのである。彼らを十字架にしっかりとくっつけていた釘がくい入るように、確かに、イエスにとっても、犯罪人たちにとっても、元にもどることは不可能であった。ただ、そこには恥に満ち、痛みうずく現在と、近づきつつある死のやみ夜が未来として存在するだけであった（この犯罪人たちが描かれていないイエスの十字架の絵が大変多いのは、きわめておかしなことである。思うに、本来こういう事柄は、あまり良い絵にはならないのであろう。しかし、いやしくも、この画をものにしようとする場合、この右左の二人の犯罪人が欠けるということは、決してゆるされないであろう。この二人が見られない絵とか描写は、何か重要なこと、決定的なことが欠けているのである)。

「イエスと共なる犯罪人」、それが何を意味するのか、御存知であろうか。「それは、最初のキリスト教会である――最初の、確かな、解消することも打ち破ることもできないキリストの教会である」と申し上げたとしても、あまり驚かないでいただきたい。キリスト教会は、イエスが近くおり、イエスが共にいる人びとの集いのあるところ、どこにも存在する。――つまり、イエスの約束・確言・確約が直接にじかにふれられるような――イエスの全存在は自分たちのためであり、イエスの全行動は自分たちのために行なわれたということを聞くことができる、この約束によって生かされているような場所である。それこそがキリストの教会であって、この二人の犯罪人は、最初の確かなキリスト教会であったのである。

あやふやな疑わしい教会も、それ以前に存在していたことは確かである。それは、イエスがお招きになり、イエスと共にガリラヤを通り、エルサレムに行き、その御言葉をことごとく聞き、その行ないをことごとく見てきた弟子たちのことである。しかし、ゲッセマネの園においては、どうであったろうか。彼らは、「あなたがたは、私と一緒に一時も目を覚ましていることができないのか」と言われた。いや、彼らはそうすることもできたのだ、ただ、それを欲しなかっただけである。イエスが、ただ一人目を覚まし、祈っておられる間、彼らは全くぐっすり寝入っていた。イエスを連行しようと警吏がやって来た時は、どうであったろうか。「弟子たちはみな、イエスを捨てて逃げ去った」。カトリック教会が、今日に至るまで最初の教皇とあがめているペトロはどうであったろうか。大祭司の庭で、一人の女中が彼を指さして、「この人も彼と一緒だった」と言った時、あの大ペトロはそれを否定して、「女よ、私はその人を知らない」と言った。鶏が三度鳴くまで、彼はそれを三度繰り返した。イエスを銀貨三〇枚で売ったユダは申すまでもないこと！　つまり、そこにもまた確かにキリスト教会が存在していた。しかし、それは何と不確かな集まりではなかったか！

今、イエスと共に十字架につけられた二人の犯罪人は、恐らくそれまでイエスのことをほとんど聞いていなかったろう。まして、彼らが信仰深い、回心した人びと、聖徒であるとは思えない。それどころではない。全く反対である。しかし、その代わりこの犯罪人たちは、今、イエスを一人置きざりにしてはおかない、眠ってしまわない。良きにせよ悪しきにせよ、彼らは十字架につけられたままイエスと共に、長時間の間、目を覚ましていなければならなかった。彼らはまた、この危機の中にある仲間から逃げて行くことはできなかった。しかも、ここでおおやけにイエスと同じ犯罪人としてさらし物にされている限り、イエスを全く否認することもできなかった。そのような意味で、彼らは純粋に事実上、一つの確かなキリスト教会であったのである。イエスと犯罪人たち、そして、犯罪人たちとイエス、この二つは結びあっていたし――永遠に、もういつまでも離ればなれになることはできない。ペトロや他の弟子たちが、この最初の、確かな教会に飛びこむには、多くの時がかかった。弟子たちが、そのことをした時、イエスと共にゴルゴタの丘で十字架につけられたこの二人の者が最初にあったその場所に、ただほんの後から結びつけられたにすぎなかった。

ところで、私たちはこの二人にもどって考える前に、彼らと一緒に同じ恥辱を受け、同じ苦しみ、同じ死刑に渡されたイエス御自身について語る必要がある。このお方こそ、主人公であり、受難日の主、この最初のキリスト教会のかしらにいます。私たちはここで、「人びとは彼を、イエスを十字架につけた」ということを聞く。誰がつけたのか。刑吏は、ローマの兵士は総督ピラトの命令によって、ピラトはエルサレムの会堂の指導者のおどかしによって、彼らは「十字架につけろ！　十字架につけろ！」との民衆の圧倒的な叫びに力強く支援されて。

そこでは何が起こっていたのか。第一にはっきりしていることは、ほかの二人に起こったと同じことが起こったのである。その存在・言葉・行動のゆえに、ほかの人間に堪えがたく、忍びがたくなった人間が、生命から死へと移され、除かれ消されてしまったのである。もし彼らが別な態度をとっていたなら、もし彼らがかかる行動に出なかったなら、イエスはそのごとくでないし、彼らも彼のごとくでなかったであろう。そこでイエスは、特別な理由から、あの二人の犯罪人が受けねばならなかったその同じものを受けられた――ほかの場合、ほかの人間が似たような、同じようなことを苦しみ、忍んだのと同じものを受けられた、つまり、イエスは彼らと共に、彼らはイエスと共にいたのである。「ほかの人びとはその隣人から、もっとひどい苦しみを与えられている。彼らは――例えば戦争や収容所や病床で――このイエスよりももっと厳しい仕打ちを受けてきた」。この言葉は全く正しい。しかし、そこで起こっていることは、ただ外的な目に見えることにすぎないのだから、今、そういうことは的はずれである。

しかしながら、この人間イエスの目に見える苦しみと死においては、イエスと一緒に十字架につけられた二人の犯罪人の苦しみと死において、決して起こらなかったことが――またほかのいかなる人間の苦しみと死においても起こらなかったし、決して起こりえないことが、目に見えない何事かが起こったのである。どうして、そうでないことがあろうか。それは彼が、ただ彼のみがこのような人間、すなわち、私たちすべての者と同じ人間でありながら、しかも、私たちすべての者と違って、そこにおいて神御自身が代わり、働きたもう人間であったからである。あたかも、イエスの死後、ローマの百卒長が、「まことに、この人は神の子であった」と叫んだような人間であったからである。

しかし、神は、この人において、その苦しみと死において何であり、何をなしたもうたのであろうか。使徒パウロは、それをある一つの箇所で、「神は、キリストにおいて世を御自身に和解させた」〔IIコリント五・一九〕と表現している。――私は、あなたがたにそのことを、ごく短い言葉で説明してみたいと思う。

そこには、このようなことが起こったのだ。この人間において、神御自身は、神が造り、あらゆる罪にもかかわらず、愛したもうた世界の中に入り、そのただ中に突入し、御自らこの世のものになられた、神に対するこの世の戦い、この世同士の互いにかみあう争いに終止符を打ち、この世の大きな無秩序に代わって神の秩序を打ち建てるために――ほかの者、私たちすべての者と同様の人間になられたのである。そこには、このようなことが起こった。神はこの人間において、私たちが主の祈りで祈るように、御名をきよくなしたもうた、御国を来たらせたもうた、御心を天になるごとく、地にもなさせたもうた。この人間において、神は御自身の栄光を大きくなしたもうた、しかも――このことは驚くべきことであるが――神はまさにそのことを、私たちの救いのためになしたもうたのである。神は、この世の出血する幾千の傷を、ただに包むだけではなく、いやすことによって、そのことをなしたもうた。私たち人間を、この一人の、神の愛したもう御子の人格において、単に部分的とか一時的にではなく、徹底的・究極的に助け、滅びから救い、私たちすべての者が生きるために、現実的に、永遠に生きるために、神の子供として御心にとめたもうた。このことによって、それをなしたもうたのである。

すなわち、そこにおいて、この人間において、私たちのすべての人間的な迷誤、私たちの傲慢、私たちの心配、私たちの欲望、私たちの偽り、すべてのものが、たえず道を誤り、お互いに自分たち自身の生活を困難にし、不可能なものにしてしまうこれら一切のことを、神は、あたかも大きな箒でもってするように取り去り、拭い去り、掃き捨ててしまわれた、このようなことが起こったのである。神は、私たちの生活を――健康な者の生活も病める者の生活も、幸福な者も不幸な者も、高きも低きも、富めるも貧しきも、自由人も囚われ人も含めてその生活を、根本的に、恐ろしく、悲しい、暗いものにしている、この一切のものを抹殺された。神は、それをあの一人の人間において取り除かれた。したがって、それはもはや私たちのものではない。それは私たちの背後にあり、したがって、神は、このお方において長い夜の後、すべての者のために日を明けそめられ、長い冬の後、すべての者のために、春を来たらしめたもうたのである。

しかも、このことをあの一人の人間において、神はあの悪の一切を自分自身に引き受け、私たちの迷誤を御自身のものとなし、御自身の愛する御子において自らを犯罪人に仕立て、訴え、判決を下し、そして死から生命へ移すことによって、なしたもうた。あたかも、聖なる神であるお方が、私たち人間の行なって来た、また行ないつつある一切の悪をなしたかのごとくに。かくて、神はイエス・キリストにあって、そのように御自身を引き渡され、それによって、世を御自身と和解させた。こうして、私たちを救い、永遠の御国の生命へと解放されたのである。神は、私たちの重荷をそのすべての重さもろとも自ら担われることによって、私から取り上げ、取り去りたもうた。かの罪なきお方が、そこにおいて私たち罪ある者の代わりになられた。かの力強きお方が、そこにおいて私たち弱き者の代わりになられたのである！

私の愛する友よ、このことが、ゴルゴタの三つの十字架の真中にあるお方の苦しみと死とにおいて、神の行為としてなされた見えない面である。すなわち、この和解の行為こそ――このお方の滅びによる、私たちの解放であり、このお方の敗北による私たちの勝利であり、このお方の御苦しみによる私たちの喜びの始まりであり、このお方の死による、私たちの生命の誕生にほかならない。そして――よく理解せよ！――このことがほかでもなく、このお方を十字架にかけた人間たちが果たしたことなのである。彼らは、事実、自分たちのやったことを知らなかった。彼らは、その悪しき意図と行動によって、真に神がこの世と共に、この世のために――しかも、無知であったこの人たちをも特に含めて――世界のために欲し、行なわれた善きことを遂行するための義人だったのである。

さてそこで今は、この同じ神の欲し、行なわれた善き、救いに満ちた秩序に従って、イエスと共に十字架につけられた二人の犯罪人の話にもどろう。私たちは彼らの名前を知らない。また、私たちはこの二人の前歴をも知らないし、彼らが何を仕出かし、どんな罪を犯したのかも知らない。さらに、彼らが犯したことに対して、あるいは何らかの申し開きが成り立つものか、それとも、彼らの罪は私たちが考えるようなものより、はるかにもっと重いものであったのかどうかも知らない。ただ、私たちに分かっているのは、彼らが（条件つきではなく、無条件に）死の判決を受けたこと、そして、そのうちの一人が自ら言っているように、「自分のやったことの報いを受けている」ということである。しかしながら、これらすべてを越えて、私たちが知っていることは、彼らは事実、自分の意志とは無関係に、自分の意志に反して、このお方、イエスと共に十字架につけられたということである。これまでもこの後も、この二人のように、イエスにおいて起こった神の和解の御業、神の栄誉と世の救いの御業に、これほどまで身近に、これほどまでに直接に近く触れた人間は一人もいなかったのではなかろうか！　ところが確かに、この二人のうちただ一人だけが、このお方がどなたであるかを認識した、このお方の御苦しみと死において何が起こったか、そのことが全人類にとって、また自分にとって何を意味していたかを認識したのである。しかるに、さらに福音書が伝えるところによると、もう一方の者は、一般の人びとの無知な、愚かしい嘲笑に加わってこう言った、「彼が神の子キリストなら、どうして、自分自身を救い、自分たちをも救おうとしないのか、どうして救うことができないのか！」と。このことは、確かに重要であり、十分考えなくてはならない、この両人の相違である。しかし、この際、そのことは取り扱わないことにしよう。なぜならば、この相違はかくも明瞭に、かくも差し迫って──事実、この二人に同じように行なわれている〔神の〕御約束に、手を触れ、それを空しくしてしまうことができるほど、それほどに重要なことではないからである。

一つ考えてみてほしい。このお方は、ほかならぬ犯罪人らのために死なれたのである。その右と左に十字架につけられた犯罪人たちは、このお方と共に死に向かって行った。このお方は、善人の世界のためにではなく、悪人の世界のために死なれたのである。信仰深き者のためにではなく、神なき者のために、正しき者のためにではなく、不義なる者のために、彼らの解放のために、彼らが生命を得るように、その勝利と喜びのためにそうされたのである。そして、この二人は、明らかにまごうことなく犯罪人であり、悪人であり、神なき者、不義なる者であった。しかも、このお方御自身が、無法者、犯罪人として判決を受け、彼らと一緒に十字架につけられた。彼らはこのお方と同じさばきに会ったのである。

さらに次のことを考えてみてほしい。「私のからだは、あなたがたのために捧げられた！　私の血は、あなたがたのために流された！」。聖晩餐の際、イエスはこのように語られた。当時、本当にそのことが起こるまで、どうしてそんなことが理解できたであろうか。ところが、事実、そのことは起こったのである。イエスのみからだは捧げられ、イエスの御血は流された。こうして、この二人の犯罪人は、この捧げられ、流されたことの証人となったのである。しかも、どのようにして！　ただ単に傍観者として彼らにこの出来事が示されたのではない。イエスとの交わりの中に、イエスとのかの解きがたいきずなのうちに、彼ら自身の悪しく、悲しむべき、暗い生命も捧げられ、彼ら自身の汚れた、かくも多くの煩悩にさいなまれた血もまた流されたのである。それは、何たる証人であろう！　何と直接に身近に、この二人に——ただその目前に置かれただけではない、ただ説明されただけではない、それは、ある意味で彼ら自身の現実存在のただ中にきざみつけられたのである。ただ単に、彼らの心にではなく、彼らの死に赴く心の中にしっかりと焼きつけられたのである。それは、「あなたがたのために与えられた！　あなたがたのために流された！」と。

そして、とりわけ次のことを考えてほしい。神の栄光と私たちの救いのために神の力強い行為が、世の救いのために神の勝利が、ほかでもなく、この犯罪人らと並んで、彼らの場所に、いや彼ら自身の存在のただ中に起こった出来事の中に行なわれたということを。死を克服されたお方、生命の御国の王は、その死の嘆きの中にこの犯罪人の嘆きを混ぜられる、貧しく打ちひしがれた僕であられたのだ。犯罪人たちと破滅と消滅への道をたどるこの第三の人は、そのお方の王国への入場とその宣言への途上に、三日目に死人の中からよみがえる途上にあったのだ！　したがって、この犯罪人たちも、この生活の暗い時の間、確かに、このお方の目ざすその同じ道にあったのではなかろうか。「わたしたちがキリストと共に死んだなら、また、彼と共に生きることを信じる」〔ローマ六・八〕――このように使徒パウロも、別なところで記している。そこで、この二人の犯罪人は言葉どおりキリストと共に死んだ。したがって、彼らには約束されている、彼らは知ることをゆるされている、「彼らもまた言葉どおりキリストと共に生きるであろう」と。

この二人が、これらすべてのことを受け入れ、理解し、信じたかどうか。この問題は、今回は未解決のままにしておこう！　しかし、このことだけは確かである、これらすべての約束がここにいる彼らにあてはまるということ、彼らはこの約束の下に立ち、イエス・キリストと共に苦しみ死ぬことをゆるされたことによって、この約束を受け入れ、保持しているということ、このことだけは確かである。人間が犯罪人として、イエスと共に苦しみ死ぬことをゆるされているところに存在し、妥当するこの約束は――ただこの約束のみが全く、キリスト教会を基礎づけ、このような人間をキリスト者とするのである。彼ら、この両人は、イエスと共に苦しみ、死ぬことによって、この約束を通してキリストの教会へと集められた最初の人となったのである。

さあ、私たちは最後に来た。私はこのように言った、「ペトロと他の弟子たちは、この二人の犯罪人がいた場所に、ただほんの後から〔遅れて〕結びつけられたのである」と。しかし、そのことは、私たちすべての時代の人間にあてはまることなのである。キリスト教会、キリスト者は、まさにこの約束が行きわたり、妥当するところにのみ存在する。しかし、この約束は十字架につけられた犯罪人のところ、神の前にも隣人の前にも、ただ全く不義そのものの人間にのみ、したがって、希望もなく滅びんとし、自分からはそれに対し防ぎようもない者にのみ行きわたるのである。イエスは、そのような者のために死にたもうた。したがって、よく考えていただきたい。かかる者、ただかかる者のみが――いや、かかる者こそが、聖餐式につらなるにふさわしい者なのである。

ところで、愛する友よ、有難いことに私たちは皆、このような人間であろうと欲するか、とは全く問われていない。私たちはそのような人間である。私たちすべての者が、すなわち、この刑務所と呼ばれる家の中にいるあなたがたも、刑務所に入れられることになった事情やここで経験した事柄とともにその特別な在り方の中にあるあなたがたも、また私たち、〔刑務所の〕外にあって、あなたがたとは違った、しかし――どうか信じてほしい――劣らずに真剣な在り方の中にある者も。かかる人間、十字架につけられた犯罪人とは、真に私たちすべての者なのである。そしてそこで、本来ただ一つのことだけが大切である、つまり、かかる人間に与えられた約束を聞くために、この約束に後から結びあわされるために、私たちがそのような者であるということに、私たちが耳を傾けるかどうかということである。「神はおごりたかぶるものに逆らい、へりくだるものに恵みをほどこしたもう」（第一ペトロ五・五）。この恵みを受けとり、それにあずかる者は、勇敢にも後から結び合わされるのであって、そうすることができないほど自分を過大に、しかしまた過小に考えてはならない。神よ、私たちすべてのものに、そうする自由を与え、その自由を用いるよう私たちを助けてください！　もし私たちが、このような自由において、お互いに聖餐式の席に着こうとする時、神よ、かく私たちすべての者を祝福してください！　アーメン。

《説教後の祈り》

主なる私たちの神、憐れみ深き全能の御父よ！　どうして、あなたは、この悪しき世と私たちすべての者を解放するため、御自身の愛する御子が、かくも驚くべき道を歩むのをお望みになるほど、この悪しき世を愛したもうのでしょうか！　それは、ほかの仕方でなく、このようにすることこそ、御前に正しいことであり、また、ほかの仕方でなく、このようにすることこそ、今、私たちにとっても正しいことだからにほかなりません。私たちが御子によってのみ、御子との交わりによってのみ自由を見出すとすれば、深き淵を通ってのみ高きにのぼり、苦しみを通してのみ喜びに達し、死を通してのみ生命に赴こうとすることが真実だとするならば、私たちは、そのことをも、あなたの良い、救いに満ちた御秩序として受け入れることがゆるされ、また受け入れたいと思います。

どうか、あなたの御助けを与え、いつも繰り返しいくばくかの人びとが、イエスと共に、また私たちと共にあなたの道を認識し、あなたの御秩序の中に平和を見出すようにさせてください。どうか、この家の中で、また今日、われらの主の死が覚えられているありとあらゆる場所で、さらにまた、主の死が覚えられていない所、正しく覚えられていない所でも、世界のすべての所でこのことが起こりますように。あなたは、私たちが見も知りもしない人びと、しかし、あなたには、はっきりと知られている人びとに近づきたもうお方であります。

このような確信をもって、私たちは今また、病人や、精神的に病んでいる人びとのことを、また貧しい者や悲しみに沈んでいる者のことを、迷っている者やあらゆる種類の混乱の中にある者たちのことを思い起こしております。このような確信をもって私たちは、教会や国家の中で責任ある地位にあって、議論をし、評議し、決定し、さばき、命令をくださねばならぬすべての人びとのために、また労働者と雇用者とのために、教師と生徒のために、書物や新聞を書く人びととその読者のために、知恵の霊が与えられるようにお願いいたします。これらの人びと、また私たちすべての者は、われらの主の十字架を見あげる時、自分たちのために祈られることを必要としており、また私たちも、主の十字架を見るにあたってお互いに祈りあう必要を感じております。そして、すべて誠実な祈りが、あなたに聞きとどけていただけるということに、依り頼むことができるほど、あなたは何ときよく、いつくしみに富みたもうことでしょう。

私たちは、イエスが生きておられ、私たちもイエスと共に生かされていることを感謝申し上げます。そして終りに、今、私たちが、このことのしるしとして、ともどもに、聖餐式を受けるのをゆるされておりますことを感謝いたします。アーメン。

（蓮見和男訳、一一巻・119—132頁）

解説

本編は一九五七年四月一九日の聖金曜日にバーゼル刑務所でなされた説教である。刑務所での九回目の説教として、バーゼル刑務所説教第一集『捕らわれた者に解放を』（一九五九年）に収められた。

晩年といってよいであろう。一九五五年一〇月バルトは生涯の住処となるバーゼル西郊の高台ブルーダーホルツ通りに転居、翌五六年には七〇歳の誕生日を迎えた。大学も定年を迎えるが、後任人事未定のため延期される。Ｅ・ヴォルフの編集になる記念論集『応答』が献呈された。誕生日祝賀会では世界教会協議会を代表してフィッセルト・ホーフトなども挨拶に立った。神学の仕事としては一九五六／五七年の冬学期に『和解論』第三部（KD IV/3）の執筆態勢に入ったことはこの時期の説教を理解するためにも重要であろう。教会と世の問題、証しの問題が本格的な神学的省察の俎上に上げられ、バルトの神学は従来にも増して深みと広がりを獲得することになるからである。

バルトの礼拝理解、説教理解にも少し触れておきたい。バルトは教会生活の中心である礼拝を一つの全体として理解しなければならないとし、この全体を恵みの神への呼びかけであるとした（刑務所説教第二集の書名『私を呼び求めよ！』に表現されているように）。神への呼びかけは、特に礼拝の最高点としての説教において、聖書の講解と適用（バルトによれば講解は受動的作業であり、適用は能動的作業である）を通して、神からの語りかけまた宣べ伝えとなる。説教後の祈りについては一度述べたので（本書115頁以下）ここでは触れないが、説教者によって捧げられる説教に先立つ祈りは、礼拝全体が神への呼びかけであることを象徴するものだといってよいと思う。

本編も神への呼びかけである説教者の祈りからはじまる。他の刑務所説教と同じくテキストは短い。イエスと共なる犯罪人、「この二人の犯罪人は、最初の確かなキリスト教会であった」という。こう申し上げても驚かないでいただきたいとはいうけれど、われわれにとっても、いや何よりここで耳を傾けていた刑務所にいる人たちにとって驚かざるをえない、耳をそばだてざるをえない指摘から説教ははじまる。この確かなキリスト教会に対してゲツセマネで寝入ってしまい、イエスを捨てて逃げ去り、ペトロもこれを否んだ教会は「あやふやな疑わしい教会」「不確かな集まり」であったというとき、われわれの思いはいつの間にか説教の言葉に引き入れられていることになる。この教会のかしらにいます方、イエスはどなたであるか、それが本題。バルトはこれを「和解」の行為として説き明かす。イエスは彼ら犯罪人のために死なれた。彼らはイエスがみからだを捧げ、血を流したことの証人となった。それは死人の中からのよみがえりの途上にあったイエスと彼ら犯罪人も同じ道にあったことを意味するであろう。この「確かな教会」にペトロと他の弟子たちも、そして私たちすべての時代の人間も後から遅れて結びつけられる。「この刑務所と呼ばれている家の中にいるあなたがたも」、外にいる者も、十字架につけられた犯罪人とは私たちすべての者のことなのである。刑務所の聴衆を聖書に読み込み、聴衆に聖書の告げるキリストの和解と赦しを伝えるバルトの代表的な説教といってよい。

聖餐式をともなう説教とはどういうものかもこれは見事に示している。未完の『和解論』の倫理学（IV/4）が示すように、聖晩餐はバルトにおいて、「キリスト教的生活の確信と保持」として、「その自己犠牲におけるイエス・キリストの現在に答え彼の将来を待ち望みつつなされる感謝」として理解されている。それをわれわれはここからも他の刑務所説教と同様に読みとることができる。

永遠の生命　――復活節――

一九一七年四月八日、復活日、ザーフェンヴィル

そして、〔キリストは〕もろもろの支配と権威の武装を解除し、その凱旋の列に従えて、公然とさらしものにされた。（コロサイ二・一五）

われわれは、今日、一つの凱旋を、共に祝うことを許されている。ちょうど春が、間もなくわれわれすべての者を、部屋から、暖かい太陽が元気付けてくれる庭や野原や森に連れ出すように、神様は、今われわれを、われわれの様々な考えや思いや偏見や心配や悲しみや怒りという小家か

ら連れ出し、われわれの立場という堂々とした馬から引き下ろし、ちょうど古いマントを裏返しにして日に当てるように、われわれの幻想を裏返しにし、空を見上げ互いの顔を見ることができるようにと、われわれを狭い戸口の外へ、通りへと連れ出して、われわれに、次のように言われる。「祭りの時が来た。お前たちは、自分に可能なすべてのことを放棄して、私に何が可能かを、見るがよい。お前たちが計算や研究に、口論や闘争に、泣いたり嘆息したりすることに耽《ふけ》っている間に――また利口そうな顔つきをし、賢《かしこ》げな言葉を語り、驚いて頭上で両手を打ち鳴らし、恐るべき生真面目《きまじめ》さで自分の小さな生活を営んでいる間に、私が何をしたか、何をなしとげたかを、見るがよい」と。その間に起こったことを、見るがよい。そして、キリストが甦り給うたというそのことを、喜ぶがよい。われわれ人間が固い頑固な頭を持って自分の道を走っている間に、またわれわれが小さな悪だくみや愚かさで自分自身と他人の生活をだめにしている間に、またわれわれが問いと謎と困難に充ちたこの暗い世界の中でマンモンを崇め戦争をし困窮している間に、神がなし給うたこと――それが復活節である。それらすべてのことの間にイエス・キリストが三日目に死人の中から甦り給うたということ――それが復活節である。そして、今われわれは、それにいささか参加し、今天にある神の大いなる喜びに際して共に喜ぶようにと、招かれているのである。

　この聖書箇所には、「凱旋」という言葉が記されている。それがどのようなものか、あなた方は御存じであろうか。古代において、町全体が恐れていた敵を将軍が打ち破ったときには、彼の帰還の際に、彼のために「凱旋式」が準備されたのであった。そして、彼のためには町に凱旋門が建てられ（例えば今日でもローマでは、エルサレムを征服したときのティトゥス帝のための凱旋門が見られる）、やがて凱旋将軍は、壮麗な乗り物に乗って、喇叭《らっぱ》の響きと共に、その門を通り、街路を行進する。彼の後ろには、パウロがここで描いているように、捕えられた敵の「もろもろの支配と権威」が、「武装を解除」され、その高貴な王としての華やかさをすべて奪われ、丸腰のまま、従えられてゆく。彼らは、かつてはあのように崇高で危険な存在であったが、今では自分たちを制圧している者に対して従順で服従し彼の栄光を謙虚に証しする者たちなのである。そして、彼らと並んで、征服された国の野獣たちも、何頭か速歩《はやあし》で歩いている。すなわち、熊や獅子や狼や長い牙《きば》を持った堂々とした象など。彼らは、誰にも害を加えないように、注意深く鎖につながれ拘束されている。さらにそれに続いて、将軍を助けたすべての戦士たちが、喜びと元気にあふれて進んでゆく。――このようにして、将軍は、彼の勇士たちと共に、その「凱旋」において、自分の故郷の町に自分自身を示すことができたのである。そして、彼のしたことのもっとも素晴らしい証拠は、捕えられて抵抗力を失った「もろもろの支配と権威」であり、おとなしくなった野獣たちであった。それらのものは、全民衆の喜びとされ、楽しみとされ、「公然とさらしものにされた」のである。そこで、そうすることができる者はみな、通りにかけ出し、窓にかけ寄り、その光景を楽しむ。そして、大きな歓声が、まるで怒濤のように、その勝利者に向かってどよめき、天にまで昇り、その困難を転換して勝利をなしとげたこの一人の人を称賛するのであった。

　見よ、これが復活節である。神は、キリストを死人の中から甦らせることによって、彼においてこのことを行ない給うた。これが、彼がそのために「エルサレムに上《のぼ》り」給うたあの大きな戦いの結末であった。裸で見世物となっている敵の王たち。子供たちも共にたわむれることのできる野獣たち。彼に敵対していたものは、投げ倒され、制圧され、決済され、無害なものとされ、さらしものとされて、もはや敵ではなくて、彼の勝利の証人、彼の栄光に仕える者なのである。今や、全民衆は、歓声をあげて共に喜ぶことができる。もはや額に皺をよせて考えこんだり不平を鳴らしたり調査研究したり自他を悩ませたりする時間はない。それは、もはやわれわれに敵対するものは何もなく、ありとあらゆるものがわれわれの味方だからである。

　このようなイエス・キリストの勝利の以前には、実に多くのものが——実際はあらゆるものが、われわれに敵対していた。ただ人間の世界であって神の世界でない世界——それは、何という奇妙で異様で悲惨な世界であろうか。そのような世界は、一見すべてのものを持っているように見えるが、実際にはそれは、もっとも美しいものともっとも必要なものを持っていない。すなわち、意味を持たず、理性を持たず、愛を持たず、根拠を持たず、目的と目標を持たず、根源と希望を持っていない。そこでは、あらゆるものが――最高の真善美も、容易に極めて邪悪な姿で、極めて攻撃的な恐るべき姿で、人間に敵対する。そこでは、人間は、どこから来るのか分からない奇妙な妖怪によって、四方から悩まされ脅かされている。そして、彼が人生に対して真剣であればあるほど、また熱心に考えたり語ったりすればするほど、また八面六臂の働きをすればするほど、いよいよその怪物は天にまで成長し、やがて最後に、彼は、疲れて悲しげにおずおずと降伏し、その怪物が何としてもそこに存在してわれわれを支配しているということを甘受し、弱々しい微笑をうかべながら、賢い経験の中で、この地上にはその怪物以上に完全なものは何も存在しないという諦めに達する。

われわれは、善を学び善を行なおうと（ただし神なしにそうしようと）試みる。すると、道徳の痩せた人差指がわれわれの方に伸びて来て、それがわれわれに対して挙げられて、「お前たちは誠実でなければならぬ」と言い、さらにわれわれを指さしつつ「ところがお前たちは誠実でない」と言う。また、われわれは、自分の内部をのぞき込む（ただし神なしにそうする）。すると、「お前たちは罪人だ」という雷のような声がわれわれを驚かす。また、われわれは、働いて金《かね》を得て自分の力を用いて多少のものを自分の所有と呼びたいと思う（ただし神なしにそうしたいと思う）。すると、近代資本主義が生じて来て、マンモンという王様がわれわれの前に立ちはだかり、その鉤爪《かぎ》でわれわれを攫《つか》み、われわれをみじめな追いたてられた彼の奴隷にしてしまう。また、われわれは、真理を知りたいと思う（ただし神なしに知りたいと思う）。すると、「経験」と呼ばれあるいは「科学的思考」とも呼ばれるあの無気味な怪物が、われわれに対して立ち上がって、気むずかしい冷笑的な顔つきで、変更不可能な状況について語り始め、あまりにも動物に似た常に変ることのない人間性について語り始め、結局は、われわれが所詮はそれに服していてそれ自身の道を進まざるをえないあの自然「法則」について語り始めるのである。また、われわれは、究極のもの、もっとも深いものを知りたいと願う。すなわち、本当にわれわれの生と世界を支配しているものを知り、一切のものの連関を知りたいと願う（ただし神なしにそれらのことを知りたいと願う）。すると、われわれは、運命とか歴史的必然性とか生存競争とか偶然とか「御心にかなう依存」とかその他ありとあらゆる、われわれにさからい人間にさからい民衆にさからう毒と刺に満ちた一連の邪悪で過酷で空虚な言葉に出会うのである。また、われわれは、人間仲間たちと共に生き、好ましい者でありたいと願っている（ただし神なしにそのようでありたいと願っている）。ところが、われわれと彼らの間に、ちょうど越えられぬ壁の仕切りのように、身分や民族や宗教や党派や立場や教養や性格や人生観の相違が割りこんで来るのである。また、われわれは、自分の故郷や民族を愛して尊重したいと願う（ただし神なしにそうしたいと願う）。しかし、われわれの地図には境界線が記されていて、われわれは、人間として一つであることはできずに、互いに悪意と不信の思いと敵意をもって眺め合い、急にドイツ人だフランス人だスイス人だと呼ばれて、そのような者たちとして互いに分かれなければならない。また、われわれは、この地上でのわれわれの外面的な存在の終りについて考えたいと願う（ただし神なしにそうしたいと願う）。そして、われわれは、「無」だとか「万事休す」だとか「用心し給え、美しい花よ」だとかいうことしか言えない死のいとわしい姿を――古今の画家たちが奇妙な偏愛と熱心さで描いて来たその姿を、見ることになる。また、われわれは、神を信じ神に祈りキリスト者でありたいと願う（ただし神なしにそうしたいと願う。そういうことも、われわれには可能なのである！）。そして、われわれが手にするものは、一つの宗教である。そのような宗教によって、われわれは、一種の陶酔状態を――麻酔剤を得るであろうが、本当の慰めを得ることはなく、真剣な助けを得ることはない。むしろ、それは、人生の十の謎に、さらに百の謎をつけ加え、われわれを一つの不安から別の不安へといよいよ駆り立て、一つの解き難い問いから別の問いへと駆り立てる。また、われわれは――ああ、われわれ人間というものは、実にあらゆるものを願いまた欲するものであるが（ただし神なしに願いまた欲するものであるが）、願いまた欲する。そして、われわれは、その際に、いつもそして到るところで、隠れていた敵に出会う。その敵は、ただわれわれだけを待ち伏せしていたように見えるが、今や凱歌をあげてわれわれの方に駆けよって来て、「さあ、お前もとうとう罠《わな》にかかったな。摑まえたぞ」と言う。そして、それらの敵の一人から逃れたと思っている間に、われわれは、別の敵の手中に陥る。ここで自由になったと思うと、あそこで拘束され、一方で解決を見出したと思うと、他方では物事がもつれてしまう。それは、かつて預言者アモスが、恐ろしいほど真実に記した通りである。「人が獅子の前から逃れても熊に会い、家にたどりついても、壁に手で寄りかかると、その手を蛇にかまれるようなものだ」（アモス書五・一九）。

今一度言えば――われわれが真剣にまた熱心に事を行なえば行なうほど（ただし神なしにそうすればするほど）、そして激しく抵抗して牢獄の壁に孔を開けようとすればするほど（ただし神なしにそうすればするほど）、いよいよ確実にわれわれは、それらの敵の獲物となるのである。そのために、人は、そもそも何ごとも体験しないので何ごとも重大に考えないというような無邪気な人々・うわべだけの人々・無頓着な人々の方を、幸いな人々だと言って、しばしば賞賛しかねないのである。そうだ、もしわれわれが、その中にわれわれが生きている様々な目に見えぬ獣たちの中にあって、無邪気であり得るのであればよいのだが。そしてまた、無関心ということが、それでわれわれが自分を欺く最悪の欺瞞でなければよいのだが。——見よ、そのようなものが、ただ人間の世界であって神の世界でないこの世界における、われわれに敵対する「もろもろの支配と権威」である。しかし、そのような世界は、本当はもはや存在せず、ただ存在したにすぎない。しかし、それは、いつ存在したのであろうか。それは、キリストがまだ戦い勝利し給わなかったあのときに、である。それは、どこに存在したのであろうか。それは、死人の中からのイエス・キリストの甦りの前に、である。復活節が告げる使信を聞くがよい。「この世界はもはや存在しない！」「最初の創造の日のように、新しい世界は現われた！」「古いものは過ぎ去った！」「遺伝的で緩慢で破滅的な欠陥に囲まれた死すべき者にとっての喜びとして、キリストは甦り給うた！」

なぜかと言えば、キリストは、「もろもろの支配と権威の武装を解除し、その凱旋の列に従えて、公然とさらしものにされた」からである。それらの人間の敵に打ち勝ち人間に奉仕させるために、キリストは、何をされたであろうか。一見、彼はまったく何もされなかった。彼は、人間に対して、善も悪も提示されなかった。また、人間を啓蒙し教育するために、学校を設立するということもされなかった。彼は、改革者でも革命家でもなかった。彼は、不信仰への反対に熱中して信仰を称賛することもなく、まして世俗的な人々への反対に熱中して教会を称賛することはなかった。彼は、様々な問題について思いめぐらして才気あふれた解決を提示するなどということもされなかった。彼は、自然に即した生活方法を広めることも、世界平和を説くこともされず、新しい宗教を創設することさえされなかった。しかも、彼は、それらすべてより以上のことをされた。彼は、ただあることを知り、またそれを欲し給うただけである。しかし、このあることの中には、一切があったのである。彼は、神というただひとつの言葉を告げ給うた。また、彼は、神の力というただひとつの力を持ち、それを用い給うた。彼は、神の御業というただひとつのものを、御自身の生のためにまた将来のために期待し給うた。彼は、謎のような閉ざされた世の門に対してのただひとつの鍵について、知ろうとされた。彼は、ただひとつのことだけを敢行し信じ行ない給うた。イエスにおけるただひとつの新しいものとは、神というこの言葉、この力、この希望であった。彼は、鋭い目で、われわれには見えぬ事実を見給うた。すなわち、神は人間の世界にとって真に新しい方であって、旧知の方・慣れ親しんだ方ではないという事実を、見給うた。われわれは、すでにあらゆることについて考えた。しかし、神のことについては、まだ考えたことがなかった。われわれは、すでにあらゆることについて語って来た。しかし、神については、まだ一度も語ったことはない。われわれは、すでにあらゆることを敢えてしまた行なって来たが、しかしまだ神を信じたことはない。世界とわれわれに欠けているもの、ましてわれわれが予想さえしない活ける神――そのような神を、イエスは持ち給うた。モーセと預言者たちは神を渇望し、神を崇め、神に従い、神に向かって叫んだ。しかし、イエスは神を持ち給うた。神は、彼の中にいました。彼は、神を父と呼び御自身を父の子と呼ぶことができた。そのようなひとりの方と共にだけ――神と共にだけ、彼には、人間の恐るべき敵に対しての戦いに出て行くことが可能であった。しかし、この「恐るべき」という言葉で、私は、何を言うのであろうか。恐るべきものは、ただわれわれにとってだけ存在する。神にとっては、何ものも恐るべきものはない。神は、恐れ給わない。したがって、イエスがこの戦いのために「エルサレムに上《のぼ》り」給うたとき、彼の事柄は神の事柄であったのであるから、彼はすでに勝利者であり給うたのである。それゆえにこそ、イエスは、かつて生きていた他のあらゆる人々とは――善良で高貴で卓越した人々とは、まったく異なった方であり給うた。すなわち、彼は、われわれの人間世界の「もろもろの支配と権威」が彼に反抗しても、少しも「深刻《エルンスト》」ではなく、厳粛ではなく、激昂せず、熱中せず、興奮せず、党派的にならず、攻撃的になり給わなかった。彼は、敵の面前でも、世界の苦痛が彼をほとんど引き裂くような場合でも、自由なもの・理解にあふれたもの・寛大なもの・卓越したもの

――ほとんどほほえみかけるようなものを保持し給うた。そのことを知るためには、あの最後の夜に、ユダのいるその所で、愚かな弟子たちと語り彼らに御自身の心を開き示すことが彼には可能であったという事実を、思うべきである。そのことには、ただひとつの説明しかない。すなわち、彼は、神のために戦い給うたのだということ。彼には、神の威信・支配・御国というただひとつの目標だけが重要であったということ。それだけである。そのような目標のために戦う者は、勝利をすでにあらかじめ手にしているのである。そのような人は、「もろもろの支配と権威」を、さほど重大視する必要はない。「もろもろの支配と権威」が重大なものになるのは、ただ神が重大でない場合だけである。もし神がいますならば、善はもはや困難なものではなく、悪はもはや恐るべきものではない。もし神がいますならば、罪はもはや呪うべきものではなくて、赦されている。もし神がいますならば、魂の殺害者であるマンモンは、何ものであろうか、また何をすることができるであろうか。もし神がいますならば、「経験」が何であろうか、また「状況」が何であろうか。もし神がいますならば、われわれはどうして、運命や偶然や自然や必然性について、なおも語ることができるであろうか。もし神がいますならば、われわれを現在分裂させているすべての人間的なものは、どのように些細で小さな事柄になることであろうか。その場合には、どうして死が死であり続けることができようか。そこでは、様々な宗教や教派や教会の拘束や制約が、どのように打ち破られるであろうか。そこでは、最高の事柄について苦労して尋ねたり穿鑿《せんさく》したりすることは、すべて終って、人はどのように喜びを覚えることであろうか。そこでは、生活全体が、どのように驚くほど単純になることであろうか。到るところで痙攣は終り、到るところで激しい熱による幻覚からの覚醒は起こり、到るところで昏迷の雲は晴れ、到るところで人生は平静に喜びをもって展望され理解され把握され、到るところに「わたしを贖う方は生きておられる」〔ヨブ記一九・二五〕との、朗らかで忍耐強い確信がある。

目ざめて待てよ　主は遠からじ
樹々は花咲き　春の陽は照り
喜びのときを　告げ知らせり
遠き御空に　夕映《ば》えかがやき
闇を消すべき　朝日子を告ぐ

そうだ、「もし神がいますならば」、である。あなた方の言う通り、もし神がいまさないならば、すべてのことは霧であり煙でありまぼろしであり夢である。また、もし神がいまさないならば、この世は、われわれが「現実」として極めてよく知っている通りのものであり、またあり続けるのであって、誰も今更われわれにそれを思い出させる必要はないのである。しかし、イエスは、神がいますということのために戦い、そのことを擁護し給うた。否、彼は、この神がいますという事実を、旗として、この世の中に――「もろもろの支配と権威」のもとにうめいている憐れなこの世の中に、持ち込み給うたのである。そして、この旗を担う方は、すでに戦いに先立って勝利し給うた方である。それゆえに、イエスは、すでに聖金曜日に先立って、弟子たちに、聖晩餐を与えることができたのである。すなわち、彼がその中に弟子たちを引き入れ給うた勝ち取られた事実の徴としての、多くの人のための「わたしのからだ」「わたしの血」を、与えることができたのである。それゆえに、復活節は――甦りは、すでに聖金曜日に起こったのである。すなわち、イエスが十字架で「わが神、わが神、なぜわたしをお見捨てになったのですか」と叫び給うたもっとも暗いあの時に、起こったのである。なぜかと言えば、それは「否」ではなくて、究極的なもっとも声高な「然り」であったからである。然り、神はいます。たとえ世とその困窮の大波小波が、希望を失った人間の頭上で、砕け散っても、神はいます。私は見捨てられているが、神よ、あなたはいます。あなたは、神であり給う。そして、それこそが、イエスの勝利であった。彼は、神と共に勝利し給うた。神は、彼において勝利し給うた。神は、人間の罪よりも強くあり給うた。なぜかと言えば、イエスは、十字架において、罪人のために祈り得給うたからである。神は、運命よりも強くあり給うた。なぜかと言えば、イエスは、もっとも深い苦しみの中にあっても、御自身を運命にゆだねず、その霊を神の御手にゆだね給うたからである。神は、マンモンよりも強くあり給うた。なぜかと言えば、イエスの苦難において、呪われた「私のもの」「君のもの」よりも強く人間を保ちまた結ぶものが――すなわちイエスを兄弟たちの中の兄弟とする愛が、示されたからである。神は、われわれの兄弟関係を妨げ破ろうとするあらゆる悪魔的力よりも、強くあり給うた。なぜかと言えば、イエスがそこで実証し示し給うた天的力は、あらゆる分裂を越えて人間を一つにするからである。神は、死よりも強くあり給うた。なぜかと言えば、イエスは、その死において死を殺し給うたからである。そのように死ぬ者は、たとえ死んでも死なない。神は、宗教や教会よりも強くあり給うた。なぜかと言えば、神は、救われぬ人間総体の供え物や建徳や祈りや説教を越えて、キリストの十字架において、行為と生命を獲得し給うたからである。神は、より強くあり給うのである。「もろもろの支配と権威」は、打ち破られ、神の勝利は、キリストにおいて、それらのものの上に現われた。甦り――これこそが、イエスがその血において最後決定的に語り給うた言葉である。三日目にイエスの墓において起こったのは、神はより強くあり給うということ言葉が聞かれたということである。そのようなことがど、の、よ、う、にして起こりえたのかということについては、これまですでに多くのことが語られて来たし、遺憾なことには論争もされて来た。われわれの通常の観念を破壊してしまって、われわれが驚き困惑して新しい観念を探し求めざるをえなくなるようなこの出来事――この出来事が、生と死・霊とからだ・此岸と彼岸・奇蹟と自然等についてのわれわれの通常の観念によって、どうして記述され得るであろうか。われわれはこれまで当惑した姿で神に対して立って来たのであるから、われわれの当惑は、あまりにも当然のことである。聖書では、極めて単純に、「彼らの目が開《ひら》け」〔ルカ二四・三一〕と、言われている。そうだ。われわれ人間を苦しめ圧迫し恐れさせ辱しめる一切のものに対して、神がキリストにおいて勝利者であり給うということ。そして、死という最後の敵に対しても勝利者であり給うということ。そのことを見る目――それこそが、イエスの墓における謎を解明するものである。「もし神がわたしたちの味方であるならば、だれがわたしたちに敵対できようか」〔ローマ八・三一〕。敵対できるのは、例えば墓であろうか。腐敗であろうか。自然法則であろうか。しかし、もし神がいますならば、死が何ものであろうか。

　このようなものが、今日われわれが共に祝うことを許されている凱旋である。それを見るために、われわれは、招かれている。古い世界は、崩壊した。新しい世界が、キリストにおいて開始された。古い人間（神なしの古い人間）は葬られ、神にある新しい人間は、キリストから生まれた。見よ、この事実から眺める場合に、われわれを恐れさせた一切のものは、なんと安全で単純で無害なものになってしまったことであろう。見よ、そこには、取り押えられた王たちや手なずけられた野獣たちが、公然とさらしものにされているではないか。

われわれは、そのような光景を眺めることを許されている。われわれは、そのような光景について、今やまたしても聞いた。今やまたしても、そのような光景について、少なくも語られた。しかし、われわれは、それをただ眺めているだけでよいのであろうか。ただ聞いているだけでよいのであろうか。その勝利についての神の喜びは、われわれにも何ほどか関係があるのであろうか。それとも、関係がないのであろうか。われわれは、またもやあの神のない古い世界に引き返して、そこで支配している「もろもろの支配と権威」の前でおののき続け震え続けようとするのであろうか。それとも、いつの日にか、われわれの内部で何ものかが生じまた動いて、キリストにおいて真実となったあの新しいものを、われわれがわれわれのもとでも真実たらしめ、「そうだ、神はより強い方だ」「キリストは甦り給うた」という言葉を、もっとも深い内面において聞くであろうか。われわれは、そのような神と共に出発し活動したいと思う。そうだ、どうして、われわれが、今日われわれが祝っている勝利の中へと引き入れられないなどということがあろうか。

（井上良雄訳、六巻・117—129頁）

解説

本編は一九一七年四月八日の復活節にザーフェンヴィル教会でなされた説教である。その二日前の聖金曜日（四月六日）になされた説教（「罪の赦し」）に連続しているものであることは当該説教の解説ですでに述べた（本書141頁以下）。四月五日のトゥルンアイゼンに宛てた手紙にこう書いている、「去年の復活節のテキストはルカ二〇・三八であった。今年は思い切ってコロサイ二・一四―一五とした。聖金曜日に一四節、復活節に一五節。この二つの説教は昨日と一昨日激しい陣地戦のさなかで生まれたものである……。土曜日はあちこち歩き回り、そして君のところを訪ねるつもりでいる」と。ザーフェンヴィル（バルト）とロイトヴィル（トゥルンアイゼン）、緊密な交流の中で二人は、牧師として、これまでとは「まったく別な神学的基礎づけ」を求めながら聖書に取り組んでいた。

『ローマ書』の進捗状況については四月六日の説教「罪の赦し」の解説に簡単に記しておいた。この年一九一七年二月ロイトヴィルでなされた講演『聖書における新しい世界』は聖書との取り組みの成果を明らかにしたものとして重要である。バルトはこう述べている──われわれのまったく予期しなかったものが聖書において姿をあらわした。歴史ではなく、道徳でもなく、宗教でもなく、一つのまったく新しい世界が。「神についての人間の正しい思想ではなく、人間についての正しい神の思想」が。聖書はわれわれを「古い人間的雰囲気から導き出し、新しい世界、すなわち、神の世界の開かれた戸口へと」導いた、と。じっさい本編にもっとも近いこうした時期の言葉はこの説教を理解する上で参考になるであろう。

復活節のこの日われわれは一つの凱旋をともに祝うことを許されているとバルトは語り出す。復活節は告げる、「新しい世界は現われた」と。キリストの勝利以前の世界、神の世界でないこの世界のもろもろの支配と権威は、それが道徳と呼ばれ、マンモンとして君臨し、あるいは宗教として一種の慰めを提供していようとも、キリストによってその武装を解除され、公然とさらしものとされた。ところでキリストは何をされたのだろうか。「彼は、神というただひとつの言葉を告げ給うた。……イエスにおけるただひとつの新しいものとは、神というこの言葉、この力、この希望であった」。イエスは「世界とわれわれに欠けているもの、ましてわれわれが予想さえしない活ける神を……持ち給うた」（本書176─177頁）。この神のために戦う方、神がいますということのために戦う方は、戦いに先立ってすでに勝利したもう。それゆえバルトによれば、「復活節は――甦りは、すでに聖金曜日に起こったのである」。換言すれば、それは、十字架で起こったことであった。十字架で明らかになったのは、「究極的なもっとも声高な『然り』であった……。然り、神はいます。たとえ世とその困窮の大波小波が、希望を失った人間の頭上で、砕け散っても、神はいます。私は見捨てられているが、神よ、あなたはいます。あなたは、神であり給う。そして、それこそが、イエスの勝利であった」（本書180頁）。バルトによれば、「このようなものが、今日われわれが共に祝うことを許されている凱旋である。それを見るために、われわれは、招かれている。古い世界は、崩壊した。新しい世界が、キリストにおいて開始された」（本書182頁）。なるほど一九一七年の聖金曜日と復活節の説教になお戦争に言及する文言も残っているけれども、その間も神がなしたもうたことに目を注ぐバルトには、聖書の新しい世界がいっそう大きく、決定的に大きく映っていたに違いない。

われ生くれば、汝らも生くべし

一九五五年四月一〇日、復活日、バーゼル刑務所

わたしは、あなたがたをみなしごにはしておかない。あなたがたのところに戻って来る。しばらくすると、世はもうわたしを見なくなるが、あなたがたはわたしを見る。わたしが生きているので、あなたがたも生きることになる。

（ヨハネ一四・一八―一九）

《説教前の祈り》

主なる私たちの神よ！

私たちは、あなたの御前に、ともどもに復活節を祝うために、ここに集められました。この日あなたは、私たちのすべての罪と、それと共に、私たち人間の悲惨のすべて、および死を御自身の上に負われ、私たちの代わりに贖いをなし、苦しみ、一度かぎり決定的に克服し、それを取り除きたもうた、生ける救い主として、あなたの愛する御子、われらの主イエス・キリストを啓示したまいました。

私たちは、自分たちがどのような状態にあるか知っています。そして、あなたは、それを、はるかに良く御存知であられます。しかし今、私たちは、みもとに集い、自分自身から離れて、あなたを見上げるため、私たちに与えられた自由を感謝いたします。あなたは、このように大いなることを、世界のため、私たちすべてのためにしてくださったからです。

どうか、今この時に、私たちを支配し、動かし、満たしているものが、あなたの真実の御言葉でありますように――御言葉が、私たちすべての者を慰め、励まし、勧めてくださいますように――私たちの貧しい讃美が御心にかないますように――どうか今私たちに率直に語り、聞かせてください！

どうか、このことが私たちの間に起こるようにさせてください。しかもまた、私たちばかりでなく、そのほか到る所の町や村、近くや遠くに、今日、よみがえりと生命の御約束を聞き、理解するために、人びとが集められているところでは、どこでも、このことが起こるようにしてください！

どうか、御恵みのうちに、あなたの民をみそなわしてください！　アーメン。

私の愛する兄弟姉妹！

「わたしは生きている」、イエス・キリストはこのように言われた。しかも、今、この私たちにも言われたのである、「わたしは生きている」と。この〔「わたしは」（ich）と「生きている」（lebe）の〕二つの言葉を説明するため、先ず、「二人または三人が、わたしの名によって集まるところには、わたしもその中にいるのである」〔マタイ一八・二〇〕という、主の御口から出た別な御言葉を思い起こすことから始めて行こう。私たちは、ここに、主の御名のもとに集められている――したがって私たち自身の名のもとにではない。つまり、主と交わることが、私たちにとって喜びだからという理由によってではなく、私たちと交わることが、主の喜びであることによってである。私たちが、主のためにあるがゆえにではなく、主が、私たちのためにいますことによってである。主が私たちに所属することに、私たちがふさわしいからではなく、私たちが主に所属することをゆるされる、そのために、主が、一切を使いつくされたからである。主が、この世に来られ、「疲れた者、重荷を負う者は、だれでもわたしのもとに来なさい。休ませてあげよう」〔マタイ一一・二八〕と呼ばわることによって——主が、ただ単に、そのことを言葉として語られただけでなく、この彼の呼びかけが、主の全生活とその死の力強い行動であられたことによって。主が、このような呼びかけ、このような行動を通し、御自身があらゆる時、到る所で、教会の主・羊飼・教師である、その地上の教会を造りたもうたことによって。主が、今日、ここで、私たちをもその群れとしてお集めになったことによって。まさに、そのとおりであるゆえに、今、ここ、私たちのただ中に、主はいまし、私たちに、「わたしは生きている」と言って、証し、語っておられるのである。先ほど、福音書で聞いたように、主は墓の中にはおられない、よみがえられたのだ。主は自ら、私たちにこう語りたもう、「ほかのすべてのことは忘れよ、この一事にしがみつけ、ただ、『わたしは生きている』というこの事実に、固くしっかりとしがみつけ」。

主がそのように語りたもう時、それは、例えば、私があなたがたに、「わたしは生きている」と言おうとしたり、あるいは、あなたがたの誰か一人が、同じことを言う場合よりも以上のことを、何か別な、もっとすばらしいことを意味していることは明らかである。主の御生命と比べた時、私たちの生は、何であろう。言うまでもなく、すべてが私たちの生にかかっている。「わたしは生きている」――そのすぐあとに、「あなたがたも生きることになる」と続いている。主が私たちに「わたしは生きる」と言われた時、私たちの生の救いが問題なのである。私たちの生が自由で、きよく、正しく、輝かしくなることが問題なのである。しかし、まさに、そのことを理解するためには、この第二のことを包含している第一のことを、先ずもって聞かなくてはならない。つまり、「わたしは生きている」という――この、あなたがたや、私たちの生とは比べものにならない全く別なことを先ずもって聞かなくてはならないのである。

「わたしは生きている」、イエス・キリストがそうお語りになった時、それは、「私は、まことの人として、私の神の生を生きる」という意味である。私たちは、それを全く真面目に、全く言葉どおりに理解しなければならない。つまり、「天と地をつくり、あらゆる生命の源であり、泉である、永遠の、全能の神の生を、私は生きている」、というように理解しなければならぬ。それは、どういう意味なのであろうか。例えば、よく富める人間が、その資産を持ち、保持し、享受するような具合に、この私の、豊かな、栄光に満ちた神の生を、私のために持ち、保持し、享受するために、この生を、私は生きている、といった意味であろうか。それとも、ひょっとしてこうであろうか。あなたがたが、驚きの目を見はって見るように、私がそれを、何か最高度に珍しく、高貴なものとして、遠くから見せびらかすといったことであろうか。あるいは、それとも、私がそれを、折にふれて、少しばかりの慈善をして、あなたがたに施すといったようなことであろうか。いやそうではない、私の兄弟姉妹、神の生とは、決してそのようなものではない。永遠より永遠に至るまで、ただ全く御自身のためではなく、その生のすべての豊かさにおいて、私たちの神であろうとし、事実そうありたもう神の生とは、決してそのようなものではない。

「わたしは生きている」、イエス・キリストがこうおっしゃった時、それは、「私は、この私の神としての生を、あなたがたのために生きる」という意味である。私は、ただひたすらあなたがたを愛することによって、あなたがたなしには、神の子であろうと欲しないことによって、この生をひたすら生きる時——むしろ全く無条件に、あなたがたのために、その生を賭し、与え、あなたがたのために、身を捧げ、犠牲になる時——この私の、神としての生を、決して固く保とうとは思わない。つまり、それは、私が、あなたがたの受くべき場所に、あなたがたに代わって立つことによって——、あなたがたが（単に、あなたがたのうちのいくばくかではなく、あなたがた人間すべてが！）本来あるところのものに私自身なることによって、つまり、死刑を受くべき、受刑者、囚人、犯罪人となることによって、そうなるのである。しかし、私がそうするのは、この私の、あなたがたのために捧げた、力ある神の生によって、あなたがたの小さな、悪しく、悲しむべき人としての生の暗さと混乱、苦悩と不安と絶望、罪と咎《とが》が取り去られるためであり、まさに、私があなたがたに代わって立つ神としての生の力によって、それらが洗い去られるためであり、また、あなたがたの死が、私の神としての生によって一度限り決定的に死に至らしめられ、無に帰せられるためである。このように、この犠牲によって、このあなたがたを救う力によって、私は、私の生を、私の神としての生を生きる。

「わたしは生きている」、イエス・キリストが、そう言われた時、私は真の神の子として、私の人間の生を生きるという意味である。――然り、あなたがたの生、全く、あなたがたと同じ、弱く、孤独で、試みを受け、恥のうちに死ぬ人間の生である。それはどのようなものか。まあ言ってみれば、私が、ほかの人よりも、もっと良い生活をしたいといったものであろうか。あるいはまた、私が、そのような人間になることに反抗するといったようなものであろうか。それとも、むっつりと不機嫌なかたくなな面持ちで、ともかく、そうせざるをえないといって妥協しようとすることであろうか。否、決して、そのようなものではない！　そのような場合、私は真にあなたがたと同じものに、あなたがたの隣人や兄弟になろうとはしないであろう――真に貧しい人びとの隣人や兄弟では決してないであろう。そのような場合、私はむしろ、隣人や兄弟を見捨て、裏切りさえするであろう。そして、そうなると、私は神の憐れみによって生きる人間たろうと欲しなくなるであろう。そして、そうなると全然、真の人であろうとせず、また確かに神の子であろうともしなくなるであろう。

「わたしは生きている」、イエス・キリストがこう言われた時、それは、「私は、私の人間としてのこの生を事実あるままにあなたがた自身のものとして、反駁も反抗もせずに、生きる」という意味である。私は、あなたがたと、全世界の愚かさや悪を、あなたがたの悲嘆や悲惨を、まさにこの身に負わされているのを見出し、それを引き受ける者として、人間としての生を生きる。私は、この重荷を負わせた神に服従し、それを担うことによって、人間としての生を生きる、しかし、まさにそのことによってその重荷を取り除く、――私が、この私の人格において、それにまつわる一切のものを含めて、あなたがたの人間としての生を変化させ、ひっくりかえし、更新し、洗礼をほどこすことによって、私が、あなたがたの滅びから救いを造り、あなたがたの罪から義を造り、あなたがたの死から生を造ることによって――取り除くのである。そのことによって、あなたがたすべては、自分自身の栄光を求めないで、希望のうちに神に栄光を帰する新しい人間へと、私によって新たに生まれ変わらせられる！　そのことによって、あなたがたは、私の人格において、神がよみしたもう人間となる。このように、私が、あなたがたのために、人間としての生を取ることによって、私は、私の生、私の人間としての生を、あなたがたのものと同じものとして私の生を生きるのである。

したがって、あなたがたに奉仕するために、私の、神としての生を放棄することによって、また、神に奉仕するために、私の、人間としての生を取ることによって、私は、このように生きる者として生きるのである。かく生きる者として、イエス・キリストは復活節の朝、弟子たちに啓示された。まさしく、このような者として、イエス・キリストは今、ここで私たちのただ中にいまし、私たちに向かって語りかけたもう、「わたしは生きている」と。

そこで、これから、この第一のことの中に含まれている第二のことに移ろう。「そしてあなたがたも生きることになる」と。ある聖書の翻訳の中には、この御言葉が、「そして、あなたがたもまた生きるべきである」という形で訳されている。しかし、よく注意せよ、ここでは、「すべきである」(Sollen) という当為が問題なのでは決してない。そして私たちがただ単に、その当為を満たすよう招かれ、要求され、場合によっては生きるし、また場合によっては生きないかもしれないというのではない。ここには、ただ単に、私たちに機会《チャンス》が与えられているとか、申し出がなされているというのではない。「あなたがたは生きることになる」――これは一つの約束である、すなわち、一に二が続くように、AにBが続くように、稲光に雷鳴が続くように、「わたしは生きている」との私たちの現在に続く、私たちの将来の指示なのである。「わたしは生きている」というのを聞く者は、ただちに、また、「そして、あなたがたも生きることになる」との御声をも聞くのである。それは、次のようなことを言おうとしている、「あなたがたは罪や咎の中にではなく、私から生命を受けているのだから、真の義と聖の中に、あなたがたの将来がある」と。したがって、悲しみの中にではなく、喜びの中に、囚われの中にではなく、自由の中に、死の中にではなく、生命の中にあるのである。あなたがたは、私の生命の中にあるこの現在から、そのような将来を、しかも、そのような将来のみを持つ者である。

「わたしは生きている」、そしてそれにすぐ続いて、「あなたがたも生きることになる」ということを聞いた後に、私たちにとって、重要なことを今少し説明させて欲しい。

今ここで私たちにとって重要なことは、「あのお方、イエス・キリスト、その生命とは私たちの現在である」という事実に、しっかりとしがみつくことなのである。したがって、私たちの過ぎ去った昔ではなく、私たちの今日を暗くしている昨日からの大きな暗影ではなく、また、正当であれ不当であれ、私たちが自分自身や他人に対して責めなくてはならぬすべての事柄でもなければ、また、様々な告発を持つ世界や、それに対抗する告発を持つ私たちでもないし、私たちに対して当然下るべき神の怒りでも決してない。いわんや、神に対するつぶやきや、まして、「あるいは神は全然存在しないのではあるまいか」といった私たちの密かにいだく考えでもない。別な言葉で言えば、「今日あるがままの、ないしは、そうあると自分で思っているような私たち自身ではない」。否、あのお方、イエス・キリスト、その生命が今日であり、私たちの現在なのである。すなわち、そのお方が私たちのために捧げられた神としての生であり、そのお方において起こった私たちの人間としての生である。そのことは眼目であり、重要であり、真実である。そこから道が開けて来、旅程はさらに将来へと進んで行く、そして、「あなたがたも生きるであろう」、それこそがこの現在から将来への道である。

今ここでは、この旅のために、そのお方が私たちに必要なものを贈り、用意し、食べさせ、飲ませてくださるそのことが肝要なのである。私の兄弟姉妹、私たちは誰も皆、自分で自分を救うことはできない、その生命は、私たち自身から出て来るわけではない、私たちからは何ものも取り出すことはできない。人間が自ら取ろうとし、つかむもの、それは、常に罪と死であるにすぎない。しかしまた、私たちが自分で、何かを取らなくてはならないという必要は全然ないのだ。私たちは、すでに私たちのためにそこにあるものを、すべていただくことができるのみであり、そうすることをゆるされている。一切合財が、私たちのために用意され、無秩序の中にあった一切が秩序立てられる。私たちは、すでにそこにあり、すでに打ち立てられている秩序を、ただ立たしめ、通用せしめる必要があるだけだ。私たちはただ目の前に置かれているものを見――私たちに向かって声高く、はっきりと語られていることをただ聞くだけでよいのである。繰り返しポケットの中につっこんだり、握りしめたりする手を、ただ開いて、差し出しさえすればよいのだ。私たちは子供の頃よくしたように、歯をきしらせたりしないで、飲食のために、私たちの口をただ開きさえすればよいのだ。愚か者のように後に向かって走るのでなく、ただ前に向かって走りさえすればよいのである。

おそらく、この復活節の朝にも、私たちの心、良心、私たちの考え、意図、見解などに根拠を求めているかもしれないが、その全くほんのちょっとした確信や真剣さや喜びの根を成長させること、そのことが今ここで肝要なのだ。イエス・キリストが私たちに、「わたしは生きている」と言われているのに、どこか私たちの中に、「然り、あなたは生きておられます。そして、あなたが生きておられるゆえに、私も生きるでしょうし、生きることをゆるされ、生きることができ、生きようと思います。真の神でいますあなたが、そのためにこそ真の人となられた、この私――あなたがそのために死に、よみがえられた、この私――私がこの世でも永遠にも必要とする一切のもの、真に一切をあなたがそのために、成就してくださったこの私――この私も生きるでしょう」といった答えが、湧き起こらないといったことはありえない。

今、私たちのうち誰も、自分を閉め出されたものと考えてはならない、あまりにも偉大なもの、あまりにもつまらぬもの、もしくは、神なき者と考えてはならない、一切はこの事にかかっている。私たちの中のめいめいが、むしろ逆に、その中に入れられた者、われらの主の生の中にあって憐れみを受けたもの、そのためにあのお方が復活節の朝、死人の中からよみがえりたもうたことに照らされることをゆるされた者、そのような者と考えること、一切はこの事にかかっているのである。私たちが、全くの謙遜さをもって、しかも、大いなる勇気をもって、自分をイエス・キリストによって、「私たちは生きることになる」との生きた望みへと生まれ変わった者と考えること、一切はこのことにかかっているのである。

さあ最後に来た。私たちは後で聖餐式を守ることをゆるされている。聖餐式とは、端的に言って、私たちが今語って来た、「あのイエス・キリストが、私たちのただ中にいまし――神自ら私たちのために生命を捧げ、私たちの生が神にまで高められる、その根源なるお方である」ということのしるしである。また、聖餐とは、私たちの始まりであるイエス・キリストによって、私たちの将来へと――「私たちは生きることになる」というその将来へと打って出ることをゆるされることのしるしである。また、このように将来へと打って出るため、そのお方によって強められ、食べさせ、飲ませていただくことのしるしなのである。主御自身がひとりであり、私たちすべてにとってひとりであられるように、一つのパンから食べ、一つの杯から飲むのである（Iコリント一〇・一六以下参照〕。

私の愛する兄弟姉妹、「さあ、みんなで――ここにいる私たちみんなで――一緒に聖餐式に列席しようではないか」、こう言ったとしても、それはあなたがたの誰をも強制したり強要したりするつもりはない。生けるイエス・キリスト御自身が、すべての者のためにありたもうごとく、聖晩餐はすべての者のためにあるのである。だからこそ、私たちは皆、イエス・キリストにあって離ればなれではなく、一緒にお互いが兄弟であり姉妹であるのだ。私たちは皆、貧しき罪人でありながら、私たちは皆、そのお方の恵みによって富んでいるのである！　アーメン。

《説教後の祈り》

主なるわれらの神、われらの兄弟となりたもうた御子イエス・キリストにあってわれらの父よ。

すべてのことが、今ふたたび語り、聞こうと願っていたとおりでありますことを、感謝申し上げます。私たちはしばしば、あなたの御言葉の光に対し、このように見えない者であり、聞こえない者でありましたことを懺悔申し上げます。私たちがそのようであるために、生活の中に起こった、ありとあらゆる曲がった事柄についても懺悔申し上げます。私たちはよく存じております、あなたなしには、繰り返し、誤りにおちいりやすい私たちであることを。それゆえ、どうか、あなたのきよき御霊により、私たちを動かし、目覚めさせ、注意深く、謙虚に、しかも大胆にならせてください。

　私たちはめいめい、このことを、ただ自分たち自身のためにだけではなく、ほかの人びとのためにもお祈りいたします。私たちは、この家にいるすべての人びとのために、世にあるすべての囚われ人のために、また肉体や魂に悩みや病を持っているすべての人びとのために、所有を失って、故郷を追われたすべての人びとのために、また、私たちには隠されていても、あなたの御眼からは隠されていない悩み、苦しみを持っているすべての人びとのためにお祈りいたします。私たちはまた、身内のもののため、両親、教師、子供たちすべてのために、国家、行政、裁判などにつとめを持つ、責任ある人びとのために、あなたの福音の説教者や宣教師のためにも祈ります。

　担わなければならないものを、担って行くために、これらの人びとと私たちすべてに助けをお与えください。しかもまた、正しいことを考え、語り、行ない、とりわけ、あなたがその人びとや私たちに与えようと願っている能力に従って信じ、愛し、望むことができるように助けをお与えください。
天にましますわれらの父よ……！

（蓮見和男訳、一一巻・38—48頁）

解説

本編は、一九五五年四月一〇日の復活節にバーゼル刑務所でなされた説教である。聖餐式もおこなわれた。一九五四年からはじまった刑務所説教の三回目、『捕らわれた者に解放を』に収められた。

一九五五年、バルトの六〇歳代も終わりに近づきつつあった。戦後も一〇年が経過したが、東西冷戦の緊張は変わらない。むしろ核兵器競争が激化しつつあった。到来した戦後の新しい時代に「創造」というキイ・ワードをもって立ち向かった『創造論』（『教会教義学』第三部）の最終巻（III/4）は一九五一年に完成し、同年和解論の講義がはじまる。戦後の政治状況を根本においてえぐり出し、教会のよって立つべきところを示した『和解論』は第一部が一九五三年に、第二部は一九五五年に出版された。そしてこの年から第三部（「真の証人イエス・キリスト」）の講義が開始される。

世界教会協議会（ＷＣＣ）の一九四八年のアムステルダム創立総会いらい、第二回目のエヴァンストン大会の準備委員としてもバルトはエキュメニカル運動に積極的に加わっていたが、体力の限界を意識するようになる中、本大会への参加は断念した。ブッシュによれば一九五四、五五年ごろから外部の講演を例外的に引き受けるだけで、むしろそれに代わって質疑応答の会、あるいは対話の会に出席するようになる。そうした中でバルトは一九五四年バーゼルの刑務所での説教を、しかも喜んで引き受けたのである。

テキストのヨハネによる福音書一四章一八節、一九節はバルトの神学にとって重要な聖書箇所の一つであった。一九節に関しては『和解論』第三部（一九五九年）で言及し、さらに『キリスト教的生』（七七節）には「『私は生きている。そしてあなたがたも生きるであろう』（ヨハネ一四・一九）。換言すれば、イエスが生きていることによって、生命はかれらの将来でもある、ということだ」（一九六一年夏学期の講義）という説明の言葉が見られる。説教で明らかにされた認識が端的に示された。

説教をバルトはこうはじめる、「『わたしは生きている』、イエス・キリストはこのように言われた。しかも、今、この私たちにも言われたのである、『わたしは生きている』と」（本書189頁）。聖書テキストの「あなたがた」を刑務所の聴衆である「私たち」として受けとめることができるようになること、それが眼目となる。じっさい終わり近く彼は、「……自分をイエス・キリストによって、『私たちは生きることになる』との生きた望みへと生まれ変わった者と考えること、一切はこのことにかかっているのである」（本書199頁）という。刑務所説教はこうして聴衆を聖書の中に見いだし、理解し、慰め、キリストへの望みを深くさせるバルトの新しい境地を示すものとなった。

テキストの取り扱いにもわれわれは注意してよいであろう。バルトは「第二のこと」（「あなたがたも生きることになる」）を包含している第一のこと（「わたしは生きている」）から説き明かしはじめる。逆ではない。次にバルトは「第一のこと」に含まれる「第二のこと」に移り、それが私たちの現在であることを明らかにした上で、その現在から道が開け、旅程はさらに将来へと進んで行くという。ここでバルトはきわめてたくみに「今ここでは、この旅のために、そのお方が私たちに必要なものを贈り、用意し、食べさせ、飲ませてくださるそのことが肝要なのである」（本書197頁参照）との文言をもって、ここに集う人々へ聖餐式への招きを語ることになる。他の刑務所説教と同じくこれも聖餐式を伴う説教がいかなるものであるか、お手本のようなものといってよいであろう。

わずかの間

一九六一年四月二日、復活日、バーゼル刑務所

《説教前の祈り》

主なる神、私共の御父よ。あなたは、そこには少しの闇もない光です。あなたは、私共のためにも光をともしてくださいました。そしてその光は、もはや消えることがありえず、ついにはすべての闇を追い払うことでしょう。あなたは、冷たさのない愛です。そしてあなたは、私共をも愛してくださいました。また、私共があなたを愛し互いに愛し合うように、私共を自由にしてくださいました。あなたは、死を嘲るいのちです。そしてあなたは、私共の

ためにも、そのような永遠のいのちに至る道を開いてくださいました。あなたの御子にして私共の兄弟なるイエス・キリストにおいて、あなたは、それらすべてのことをしてくださいました。

そのようなあなたの賜物と啓示に対して、私共が――私共のうちの誰もが、鈍感・無関心なままでいることがないようにしてください。この復活日の朝に、どうか私共に、あなたの慈しみの豊かさを、少なくもその幾らかでも覚らせてください。それを、私共の心と良心の中に注ぎ入れて、私共を照らし、励まし、慰め、戒めてください。

私共はみな、偉大なキリスト者というような者ではなくて、まったく卑小なキリスト者にすぎません。しかし、あなたの恵みは、私共に満ち足りています。それゆえ、どうか私共を、私共にも可能な小さな喜びと感謝へと、呼び覚ましてください。私共にも持つことのできるおずおずした信仰へと――あなたを拒否できない欠陥だらけの服従へと、呼び覚ましてください。そして同時に、あなたが私共の主イエス・キリストの死において私共すべての者に用意し彼の死人の中からの甦りにおいて約束してくださいました、偉大で十分で完全なものへの希望へと、呼び覚ましてください。この時間がそのことに役立つように、私は請い願います。「天にましますわれらの父よ……」。アーメン。

わずかの間、わたしはあなたを捨てたが
深い憐れみをもってわたしはあなたを引き寄せる。
ひととき、激しく怒って顔をあなたから隠したが
とこしえの慈しみをもってあなたを憐れむと
　あなたを贖う主は言われる。

（イザヤ書五四・七―八）

私の愛する兄弟姉妹。
「深い憐れみをもってわたしはあなたを引き寄せる」。憐れな散らされた人々よ。憐れな散らされた人よ。わたしは、あなたたちを集める。あなたが属しているところへと呼び集める。これが、復活日の使信であり、その約束であり、確約である。また「とこしえの慈しみをもってあなたを憐れむ」。これが、復活日の事件であり出来事である。神はその御子を、すべての人間を支配する死から引き離し、私たちすべての者を待ち受けている墓から引き離し、そのようにして明白な

仕方で彼をすべての人間の救い主として告知されたのであるが、復活日にそうすることによって神がその愛する御子を憐れみ、彼に栄光を与え、彼に味方し、彼を御子としてまた私たちの主として明らかに示されたのは、決して偶然の気分や巡り合わせによることではなくて、永遠の恵みによることであり、変ることのない慈しみによることである。

神は、彼を憐れまれ、彼の身において、不信実で強情で不幸なイスラエルの民を憐れまれた。そしてさらに彼の身において――御子、私たちの主イエス・キリストの身において、昏迷し困惑した全人類を憐れみ、さらに彼の身において、あなたをも憐れみ、私をも憐れまれた。その特別な倒錯と破滅の中にある私たち一人一人《ひとりびとり》を憐れまれた。神が私たちをイエス・キリストにおいて憐れまれたというこのことこそ、神が復活日に行なわれたことなのである。そして、私たちが今聞くことを許された復活日の言葉こそ――すなわち、神が私たちを引き寄せ、イエス・キリストに示された恵みの中へと集めることを欲しまた集められるという言葉こそ、神が復活日に語られたことなのである。

しかし、もし私たちが今、この復活日に先立つ聖金曜日のことを想起しようとしないならば、復活日の栄光と喜びと希望を、理解しないことになるだろう。復活日に起こったことは、すでに聖金曜日に起こったことの秘義の解明、その啓示であったのである。「聖金曜日」(Karfreitag)とは、「嘆きの日」という意味である。復活日の明るい輝きは、聖金曜日に起こったことの解明、その啓示であったのだから、「嘆きの日」というのは、恐らくこの日を呼ぶのに適した名ではないであろうが、しかしそれはいずれにしても、神がイエス・キリストを甦らせることによって彼を憐れまれたその永遠の恵みは、事実、ゴルゴタで十字架につけられそこで惨めにも死なれた人の子に対しての恵みであり、さらに彼の身において、最高の地点から最低の地点へと墜落したイスラエルの民に対しての恵みであり、さらに彼の身において、その歴史は最初から今日に至るまで多くの血と涙で記された歴史であったしまたある人類に対しての、恵みであったしまたある。したがって、神の永遠の恵みは、賢さ・善良さ・巧みさを持った私たち一人一人に対しての恵みではなくて、むしろその生活の日々をも「嘆きの日」としてしまうような、存在の究極的で限りなく深い絶望と無意味さの中にある私たち一人一人に対しての、恵みであったしまたある。もし復活日なしの聖金曜日が実際にただ「嘆きの日」と呼ばれるとしたら、聖金曜日なしの復活日は、ただ空虚な祝祭の日と呼ばれるだろう(それは、残念なことに実際極めて多くの人々に、そのような日になってしまっているが)。しかし私たちは、この日を、正しい仕方で祝おう。それゆえに、この日に死人の中から甦られた方の死を覚えつつ祝おう。

それでは、あの聖金曜日とは、どのような日だったのだろうか。神が預言者の言葉によれば「わずかの間」と呼ばれるあの瞬間は、どのような瞬間だったのだろうか。この上もなく恐るべき瞬間――しかし神の永遠の恵みによって追い越され打ち勝たれたゆえに「わずかの間」と呼ばれるあの瞬間は、どのような瞬間だったのだろうか。福音書記者はこの瞬間を、受難物語の決定的な箇所で、次のように書いている。「さて、昼の十二時に、全地は暗くなり、それが三時まで続いた。三時ごろ、イエスは大声で叫ばれた。『エリ、エリ、レマ、サバクタニ』。これは、『わが神、わが神、なぜわたしをお見捨てになったのですか』という意味である」（マタイ二七・四五以下）。そしてさらに、「イエスは再び大声で叫び、息を引き取られた」（マタイ二七・五〇）。イエスが「わたしの願いではなく、御心のままに行ってください」（ルカ二二・四二）という祈りと心備えをもって道をそこまで歩んでこられた後で、その死に当たって、そのようにまたそのようなことを叫び問われたということについては、人々はしばしば不思議に思い、また躓いた。彼は、「わが神、わが神、なぜわたしをお見捨てになったのですか」と叫ばれる。しかしこれは、変更を許されぬ事実である。私たちはこの事実にこそ、固着しなければならない。この事実をこそ、まったく真剣に受け入れなくてはならない。あそこでイエスは、そのようにまたそのことを叫びまた問われたのであった。そこでは、次のような言葉がイエスに対して語られイエスがそれを聞くということが、文字通りの仕方で起こったのである。すなわち、「神である私は、汝イエスを『わずかの間』捨てた。神である私は、私の愛する子である汝に対して、私の顔を、この怒りの瞬間に隠した」と。神がここで行われたこと――すなわち怒りの瞬間におけるこの棄却、御顔のこの隠蔽は、恐るべきことであった。誰か悪人に対してというのではなく、ただひとり真に純潔で神聖で信実な方に対して――神御自身の愛する御子に対して行われたことは、恐るべきことであった。それは、イエスが神を捨てたことに対する神の側からの答えというようなものではありえなかったし、事実そのようなものではなかった。むしろ、イエスは神を捨てず、神に対してただ従順であり、神の御心だけが起こることを願いつつ、もっとも苛酷な結末に導くにちがいない（また実際導いた）道に足を踏み入れ、それを歩まれたが、その結末において、彼の神は彼を捨てなければならず、捨てることを欲し、事実捨てられた――それが、そこで起こったことなのであった。それが、「わずかの間」であり、聖金曜日に起こったことなのであった。

　彼をそのような所へと――この「わずかの間」の恐怖の中へと導いたのは、どのような道であったのだろうか。兄弟姉妹方、それは、私たちに向かってのイエスの道であり、私たちに向かっての神の道であったのである。すなわち、イスラエルがその邪悪で甚だしい不信実のゆえに帰属し、全人類がその創り主にして主である方に対するその絶え間のない冷淡さ、反逆のゆえに帰属し、私たちすべての者が神を捨てた（また絶えず捨てている）ゆえにまた捨てることによって帰属している、暗い場所の中へのイエスの道であり、神の道であったのである。イエスは、御父に派遣されて、私たちのもとへと――したがって神の怒りと隠蔽とのこの場所へと赴き、また来られた。そして、彼がそのような道を歩み神に捨てられた私たちの状態の中へと入られることによって、彼の御父の意思は生起したのである。それは、何のためだったのだろうか。それは、単純にまた明白に、彼が彼の民イスラエルのために、また全人類のために、また私たち一人一人に代わって、神の怒りに触れた者、神に捨てられた者であるためであった。すなわち、彼御自身以外には、誰もそのような者である必要がないためであった！　彼は、私たちに当然帰せらるべき神に捨てられた状態の中へと入ってゆかれた。それは、そのような状態がもはや私たちの事柄である必要がなく、あってはならず、ありえないために、そのような状態を御自身の身に引き受け、担い、御自身に与えられた神的力によってそれを取り去るためであった。「わが神、わが神、なぜわたしをお見捨てになったのですか」と、彼は叫びまた問われた。それは、私たちがもはやそのように問う必要がないためであり、彼がそこで叫びまた問われたように誰かが叫びまた問うことが、正しく不可避で必要なことでなくなるためである。なぜ、そうすることが、私たちすべての者にとって、不必要で禁じられたことなのだろうか。それは、彼が私たちに代って、最後決定的にそうされたからである！　彼が私たちの代りとなられるという、そのようなことが起こったのである。彼がそこでそうされたように、彼は、私たちの暗い場所に立ち、あのように、またあのようなことを、彼は、叫びまた問われねばならなかったのである。

　このようなものが、聖金曜日であった。このようなものが、「わずかの間」――小さなしかし恐るべき瞬間であった。しかしもっと適切に言えば、永遠の瞬間――世界と私たちすべての者にとって永遠の救いをもたらす瞬間であった。このようなものが、やがて復活日に覆いを取り去られ見えるものとなりあらわとなった、聖金曜日の光であった。このようなものが、死人の中からの彼の甦りにおいて、神が彼に対して、彼の従順に対して、彼の信実に対して語られ、しかし彼の身においてその民イスラエルに対しても語られ、すべての人間に対しても語られ、私たち一人一人に対しても語られ、あの「わずかの間」に語られた「然り《ヤー》」であった。神は、実にあの聖金曜日に、あの「わずかの間」に、「然り」を語られたのであった。それとも、神があの一人の方に対して、その愛する御子に対して、この暗い道を私たちのために歩み始めよと命じることで語られたのは、すでに全世界に対してのまた私たちに対しての神の「然り」ではなかったのだろうか。そして神は、すでにそのことによって――すでにその道のもっとも暗い終着点において、神に捨てられた私たちの状態に対して、「否」を語られたのではなかっただろうか。復活日に起こったことは、何ら新しいことではなくて、単純に、あの闇の中で点《とも》されたがそこではさし当たり隠されていた光が輝き出たということなのである。すなわち、それは、神があそこで私たちに対して語られた偉大な「然り」と、神があそこで神に捨てられた私たちの状態に対して語られた偉大な「否」とが（そこですでに行為となり出来事となっていたことが）、発言されたということなのである。

今や私たちは、復活祭を祝うことを許されている。しかし、復活祭を祝うとは、どのようなことだろうか。それは、この聖金曜日の光を見るということである。その光はそこにあって輝き、ただ私たちの見る目だけを待っている。私たちは、私たちの目を、その光を見るために開くことを許されており、開くべきであり、開こうと思う。復活祭を祝うということは、神が聖金曜日になされたことの中で語られた「然り」と「否」を聞くということである。すなわち、私たちすべての者に対する「然り」を聞き、神からの疎隔（それが私たちの悲惨であるが）に対する「否」を聞くということである。

イスラエルの全歴史において、この民族の上には、神に捨てられたという大きな陰が横たわっていたというのが、確かな事実であった。そして、私たちが、人間存在が神に捨てられているという大きな事実を想起することなしに、今日に至るまでの世界の歴史を知ることはできないし、新聞を読みラジオを聞くこともできないということも、確かな事実である。そして、どのような生涯においても――私たちの中のただ一人の人の生涯においても、〈神をしばしば捨てて来た自分たちは――神を絶えず新しく捨てている自分たちは、神によって捨てられているのだろう〉ということを感じ、そのような思いを抑えることができない瞬間が、かならずある。否、そのような時間が、日々が、何週間かが、恐らく何年かが、かならずある。――その点であなた方が私を正しく理解してくれるために、つけ加えて言えば、以上のようなことを言う場合に、私は、自分自身を決して除外してはいない。むしろ、自分をその中に含めている。私は、私の生涯において、十二年間牧師であったし、これまで四十年近くも神学教師であったが、その間私は繰り返し、自分が神に捨てられていると感じ、神が私に「私は汝を捨てた。『ひととき』汝が私を捨てたことを『激しく怒って顔を汝から隠した』」と語られるのを聞くと思う幾時間・幾日・幾週間かを持った。そして今でもまだ、そのような時を持っている。愛する友人諸君、したがって私たちは、この事柄に関して共に一つなのである。そして、あなた方の中の誰も、その点で私と違った状態にいるなどと、考えるべきではない。しかし、たとえその際私たちがどれほど突きつめた気持ちでいるにしても、もし私たちがそのように感じたり考えたりするのであれば、私たちは一人残らず、思い違いをしているのである。復活節の出来事とその使信によれば――そして聖金曜日の光の中では、神に捨てられた状態というのは、陰にすぎず、混乱した記憶にすぎず、悪い夢にすぎない。神が私たちを捨てられたということは、あなたにとっても、私にとっても、私たちのうちの誰にとっても、たしかに真実であり得ることではあるが、しかし真実ではない。真実は――すなわち私たちの不安な心の真実とか私たちの困窮した良心の真実とかいうのではなく、聖金曜日の真実としての復活日の真実は、神が私たちの味方であるという真実である。私たちが誰であるにしても、私たちがどのような状態であるにしても、私たちが何を感じまた考えているにしても、神が私たちの味方であるという真実である。また、私たちがまたしても神を捨て、繰り返し捨てるゆえに、またそうすることによって、私たちが今日また明日、どんなに重苦しい気分であるにしても、神が私たちの味方であるという真実である。神はここにおられる。神は、たとい私たちが自分を捨てられたと考えざるをえなくても、私たちを捨てられない。そして神の御顔は、たとい私たちがそれを何か当然の理由から久しく見たことがないと考えても、私たちを照らしている。真実は、神が徹頭徹尾私たちの神であり、私たちが徹頭徹尾神のものであることを許されるということである。そして、そのような復活祭の真実を私たちが受け入れるということ――それが、復活祭を祝うということである。

そのように語るのは、誰だろうか。そのように敢えて語ることを許されるのは、誰だろうか。

自由にまた率直に言えば、私は、自分自身に基づいては、そのようなことを敢えて語りはしない。あなた方に対してまた私自身に対して、そのように大胆に語ることなど、私は思いつきもしない。しかし、神御自身が、そのように大胆に、全世界に向かって、したがって私たちに対しても語られたのである。あの「わずかの間」の秘義の啓示において、語られたのである。そのように、主が――あなたの贖い主が言われる。アーメン。

《説教後の祈り》

その慈しみにおいて強く、そのすべての行為において聖にして栄光に充ちた、ひとりの方よ、私共の唯一の神よ。もう一度、私共は、あなたのみもとに参ります。あなたの偉大で自由な憐れみによって生きたいという告白以外には、何も捧げるべきものを持たない者として、あなたのみもとに参ります。あなたがすべてを委ねるように、私共を招きまた力づけていてくださいますことを、感謝いたします。あなたは、私共をお忘れになりません。どうか私共をも、あなたのことを忘れないようにしてください。あなたは、疲れられることはありません。どうか私共をも、怠惰な者にならぬようにしてください。あなたは、私共一人一人にとって正しくまた救いに役立つものを選びまた欲せられます。どうか私共の勝手気儘な選択と意欲をも禁じてください。

しかし私共は、ここで、多くの他の人々の関心事や問題や苦しみをも、あなたの御前に請い願いつつ申し述べます。どうか、この建物の中で、あるいは他の所で、囚われているすべての者たちを覚えてください。近くにいるまた遠くにいる、私共の身内の者たちをも、覚えてください。からだと魂を病んでいるすべての者たちを、また貧しいすべての者たちと、特に友人や助け手を持たぬ者たちを、慰めまた力づけてください。全世界にいる離民たちと追放者たちと不正に苦しんでいる者たちを、助けてください。教えなければならない者たちに教え、統治を行うように定められ召された者たちを統治してください。あなたの福音のために、喜びと勇気を持った証人たちを、すべての教会の中に生み出してください。カトリック教会の中にも自由教会の中にも、生み出してください。伝道者たちと彼らが奉仕したいと思っている若い信仰共同体を導き、彼らに光を与えてください。あなたに対して希望を懐いているすべての者たちを、彼らにとってまだ日のあるうちに働かせてください。そしてあなたを知らない（あなたをまだ知らない、あるいは正しくは知らない）者たちのすべての真剣な努力にも、良い果を結ばせてください。あなたは、誠実な心を持つ者たちの願いを、聞き届けてくださいます。どうか私共をも、誠実な者としてください。あなたが私共の願いをも聞き届けてくださるために。

あなたは、永遠の昔から神であり、今も神であり、将来も神であられます。あなたに寄り頼みあなたに信頼できるということ――それが私共の喜びです。アーメン。

（井上良雄訳、一二巻・71―81頁）

解説

本編は一九六一年四月二日、復活日、バーゼル刑務所でなされた説教である。『捕らわれた者に解放を』に収められている。

テキストは旧約聖書イザヤ書である。旧約聖書からの説教はバルトの生涯説教の二〇パーセントより少し多い（小川圭治編『カール・バルト説教目録』）。とくに詩編は初期のザーフェンヴィル時代から晩年に至るまでくり返し取り上げられている。バーゼル刑務所説教に限っていえば、全二八編中一三編が旧約聖書、そのうち詩編がやはり一番多く八編、イザヤ書三編などとなっている。旧約の場合でもバルトの基本の考えにしたがい説教のテキストという意味で掲げられ朗読されるのは旧約一か所だけである。

一九六〇―六一年頃のバルトに関し、伝記に属することは割愛するとして、『和解論』の「倫理学」の講義が一九五九／六〇年の冬学期からはじまり、一九六一年の夏学期まで、洗礼論、主の祈り講解とつづけられていた（第二祈願で中断された）ことは想起しておいてよいと思う。

ところでバルトは一九三二年冬学期、三三年夏学期ボン大学でおこなった説教セミナーで旧約聖書からの説教についてこう述べている、「旧約聖書は、キリストの証言だということなのである。……その箇所を、その内在的な意味を保つままに、自己を越えて指し示すものであるとして、つまりひとつの方向を示す道しるべとして理解するのである」。歴史的釈義とキリスト教的釈義とを対立させることは許されない――少なくともバルトはそうした考えに立って旧約説教に取り組んだ。

さてこの説教、テキストは第二イザヤである。説教は、五四章七―八節の告げていることと（「深い憐れみをもってわたしはあなたを引き寄せる」、「とこしえの慈しみをもってあなたを憐れむ」）が神の御子であるイエス・キリストにおいて復活日に行なわれたことだということから始まる。

この復活日の栄光と喜びと希望は、聖金曜日の「わずかの間」「ひととき」の神の怒りの棄却、御顔の隠蔽という暗黒を想起しなければ理解することができない。それは御子がイスラエルのために、全人類のために、そしてわれわれ一人一人に代わって神の怒りに触れた者、神に捨てられた者であるためであった。しかしこの恐るべき瞬間は永遠の救いをもたらす瞬間でもあった。この聖金曜日の光が復活日にその覆いをとられ見えるものとなったのである。神はあの「わずかの間」に怒りを語られたのである。復活祭を祝うということは聖金曜日の光を見るということである。私たちはその光を見ることを許されており、そのために目を開くべきであり、また開こうではないか。「復活祭を祝うということは、神が聖金曜日になされたことの中で語られた『然り』と『否』を聞くということである」（本書215頁）。

説教の中でバルトは、自分を除外せず、自分を含めて語っていると述べつつ、自分の一二年間の牧師としての、四〇年近い神学教師としての生活の中で、神に捨てられていると感じたことがくり返しあったし、今もまだそうした時をもっていると告白するが、これは少し珍しいかも知れない。そうしたことを挟みながら刑務所の聴衆によりそいバルトは福音を語った。

御子イエス・キリストにおける恵みがイスラエルのため、全人類のため、そしてその中に含まれるわれわれ一人一人のためというくり返されるバルトのキリスト認識については、一九三三年一二月一〇日、ローマ一五章五―一三節をテキストにボン大学教会でなされた説教を参照されたい（『説教選集』第八巻）。

復活日の秘密

一九六七年、復活節、『新チューリッヒ新聞』紙三月二六日号

復活日は、キリスト教会にとって固有な祝日である。降誕日ではなく、聖霊降臨日でもなく、またましてやスイス連邦祈禱日(1)でもなく、聖金曜日という不可欠の背景をもった、昇天日と結合した復活日が、である。復活日には、教会がそのまわりに集い、教会が世界に宣べ伝える特別な秘密を喜んで受ける。なぜなら教会は、自分自身の満足のためにではなく、この世における奉仕のために、キリスト教会なのである。教会が喜んで受け、教会が宣べ伝えるこの秘密は、端的に言って、一人の新しい、すなわち自由な人間、かつて世界の只中において見える姿で、聞こ

える声で、とらえうる形で現われ、今はなお覆われており、かつてはすべての人にとって、彼ら自身の解放者として啓示された人間の実在である。

復活日には、教会は彼を生ける主として祝う。つまり彼の啓示の未来を、すべての人間、全世界、個々のすべての人間の希望として祝う。昔、イスラエルがエジプトにおける奴隷状態から、父祖たちに約束された土地への旅立ちを前にして、過越を祝ったのとまったく同じである。したがって復活日は、最高の聖餐式祝日である。たしかに、一年のすべての《普通の》日曜日が、この最初の日曜日とその喜びと宣べ伝えの小さな反復であることは、すべての読者にとってよく知られたこととは言えないであろう。したがって、われわれのもとで、毎日曜日に聖餐式が守られないのはよいことではない。東方の《正》教会やローマ・カトリック教会も、復活日の（したがって毎日曜日の！）この秘密に対して、われわれ、その他の教会よりは、はるかに明確な記憶をもっている。この記憶は、われわれの間でも、ふたたび、はるかに生き生きとしたものになってよいし、ならなければならない。

見かけの上では、多くの、多様な秘密が存在する。つまり、古い秘密と新しい秘密、解決可能な秘密と差し当り解決不可能な秘密がある。技術的な、軍事的な、政治的な秘密——屋根のすずめたちがしゃべっているような公然とした秘密もあるが、またそれとは違った、その存在についいて、ほんとうに少数の人しか知らないような秘密がある。医師の秘密、告解の秘密、仕事上の秘密がある。個人的な秘密もある。たいていの秘密は、重要である。したがってすべての人が、なんらかの仕方でそれに注目し、すべての人がそれを尊敬し、すべての人がなんらかの仕方でそれを気にかけ、それを得ようと努力するにちがいない。男と女はお互いに一つの秘密である――では、どのようにして！　子供も、そのあらゆる姿において秘密である。死はすべての人間にとって重要な秘密である。とくに芸術の領域には、重要な秘密がある。その他のものは、個人的な秘密の中でも、まったく重要ではない。つまり、その他の秘密は、この人たちやあの人たちをわずらわし、そのお相手をするのにまかせておけばよい。他方われわれ、その他の者たちは、それらの秘密をほんとうに知る必要はなく、それらがいつの日にか、彼らをうんざりさせるようになるまで、好奇心ぬきで彼らにまかせておけばよいであろう。

しかし、もともと、これらすべてのものは、見せかけの秘密にすぎず、おそらく謎とか仮面とかいえばよいものであって、その一部はただ秘密に仕立て上げたものであり、その正体があばかれると、多かれ少なかれ普通の事物にかかわってしまっているにすぎず、あらゆる保留や妥協をつけて、多少とも満足して、または不満げに処理できるものなのである。

ほんとうに、復活日の秘密は、唯一無二の秘密であるだけでなく、唯、一、の、本、来、的、な、秘、密、というべきである。たしかに、あの謎の世界全体は、この秘密に関係しており、この秘密に包括され、限定され、照らし出されている。すべての謎は、この秘密から役に立つ修正をうけることができ、そこから慈悲深い判決を聞くであろう。多くの謎が、この一つの秘密を遠くから指さしているとも言える。結局のところ、この秘密の将来における啓示によって、これらすべての謎が解かれるのである。そのかぎりでは、これらの謎は、あの秘密に帰属している。しかしまたこの秘密は、すべての謎とはっきり区別されて、対立している。この秘密は、あの謎の中のいかなるものとも取り違えたり、混合されたりしてはならない。この秘密は、どんな場合にもあの謎の全体または部分が解かれる方法によって解決できないということが、この秘密の孤独と独自性に対応する。この秘密は、ただ自分自身からだけ、自分の完全な自由において自分を開示し、したがって自分を啓示することができる。

したがって、この秘密には、なにか謎ときをしたり、理屈をこねたりすべきものは存在しない。この秘密は、全体的にも部分的にも、勝手に支配されることはない。そして最後に、その秘密を知っており、したがってその啓示を迎え入れる者が、ただこの秘密を喜ぶことができる。まさに最大の歓喜をもって祝うことができる。中世に、至るところで広く行なわれていた、まさに礼拝の場所での《復活節の大笑い》の習慣は、もちろんあらゆる乱暴狼藉と結びついたことであろう。

しかしここでは、乱暴と結びついた喜びの方が、喜びを失った思慮分別や気むずかしさより、はるかによいと言える。復活日の秘密を喜ばない者、復活日に笑うことができない者、こういう人は、そのことによって、復活日の秘密をまったく知らないことを示している。同じように復活日の、それにふさわしい高さと異質性に対する腹立たしさに同意しない人もそれを知らず、復活日に対してそれ以上何かできるという人もそれを知らないのである。

復活日の秘密は、この世に一回限り語りかけられた希望というのでなく、むしろこの世に植え込まれた希望である。この希望は、この世に属するものではない。この希望がこの世に由来するものでないかぎり、人間が思いついたなんらかの理念、教説、理論によって、いつか、どこか地上に生まれた運動としてではない。この希望は、ある一定の場所で、ある一定の時に、外から、一回限り、人間の世界に植え込まれたかぎり、つまり外から、しかし内へ、世界のもっとも内奥へ植え込まれたかぎり、この希望は、譲り渡すことのできない仕方で世界に――ほんとうに、昨日と今日と明日の、われわれの人間世界に――属している。したがってこの希望は、人間によって、さまざまな形で（あるいは論理的に、あるいは自然科学的に、あるいは美的に、あるいは政治的・社会的に）理解された存在事物の作用関連の枠内では、いかなる人間によっても構成し、概観し、説明することはできない。しかし、この希望は、かつてそれに気づいた人間たちによって、あらゆる作用関連と思考関連において偉大な新しいものとして祝祭の形で呼びかけることができ、許され、意図されている――そしてそれは、内面的には信仰において、外面的にはキリスト教会の告白においてすでに起こっている。この希望は、すべての存在事物と真なるものの根源的な使命に光を当て、この使命を作動させるかぎり、この世界のもっとも古いものであると同時に、この世界における偉大な新しいものである。

　この世界に一回限り植え込まれたこの希望は、その喜びにおいて憤激を呼びさますような、またその憤激において喜びを呼びさますような、イエス・キリストの死人からの復活の出来事である。われわれは、その出来事についての憤激を回避してはならない――たとえば、そこに起こった出来事の、見えること、聞こえること、手でふれうること、身体的なことを回避してはならない。そうでなければ、不可避的に、その出来事の喜びをだましとることになる。なぜなら、この出来事によって世界に植え込まれた希望は、その今の状態との関連で全面的に変ってしまった、このわれわれの人間存在の姿に対する希望というもの以上でも以下でもありえない。変ってしまった、というのは、すなわち人間の今の状態を構成している、大小の悲惨、間違い、尊大、愚劣、虚偽から解放されたということである。全面的に変ってしまった、というのは、したがって、よりよいものへというだけではなく、むしろ最良のものへ、過ぎ去るものとしてだけではなく、過ぎ去らぬものとしても——またまさに、内面的だけでなく、それもあるが外面的にも、霊的、精神的にというだけでなく、それもあるが、また肉体的にも、ということである。

われわれの生存の未来が、内面的、霊的・精神的な人間、つまり身体的でない人間の生存であるとするならば、それはまったくわれわれの生存ではなく、それでは、われわれにまったく関係のない希望に他ならないであろう。そうではなく、ここで問題となるのは、われわれ全人類の生存の、そのあらゆる時間・空間の次元における未来であり、したがってほんとうに神の子の栄光にすみずみまで照らし出されたわれわれ自身である。このように、われわれの生存は、イエス・キリストの死人からの復活においてわれわれの眼前におかれる。このように、われわれの生存は、生けるイエス・キリストの中に、聖霊の力において、隠されたまま現在的となる。したがってわれわれは、われわれの生存が、イエス・キリストの完全な日である最後の日に、あらゆる闇を照らす光となることを期待する。まさにそれゆえに、それが復活日の秘密なのである。

われわれは、復活日に、頭や心を多少空《から》にして、あるいは、その他の見かけは多少面白そうな、多少楽しげな事物に満たされて、さわぎまわることもできる。思慮深げに、あるいは無思慮に、徒歩でか、車でか、鉄道でか、飛行機でか、のちには月ロケットでか。思想は自由[2]、なのだから、無思慮もまた自由である。だれも、復活日の秘密、すなわち真の神の子であり人の子である方の復活の出来事においてわれわれに示された希望を尊敬することを強制すべきではない。ましてや、あらゆる時代のキリスト教会と共に感謝しつつこの秘密に出合うことも強制されるべきではない。しかしこの秘密が世界に植え込まれているということ、したがってその秘密を知っていようといまいと、喜んでであろうとあるまいと、彼のためにそこにあるということを、なんらかの点で変更することはできない。

だれしも、どこにいるのかを見よ。
だれしも、どうやりぬくのかを見よ。
そして立つ者は、倒れることはないように。(3)

これが私が『新チューリッヒ新聞』の読者に、目前に迫っている祝日に、自由に、好意に満ちて考えるために贈りたいと思ったことである――ペトロの第一の手紙のはじめの（一・三）、この関連で再読されたいと思う言葉を、まとめとむすびとして贈りたい。「豊かな憐れみにより、わたしたちを新たに生まれさせ、死者の中からのイエス・キリストの復活によって、生き生きとした希望を与え給う神がほめたたえられますように」。私に求められたのは、《一種の書かれた説教》であった。これが実際に話された説教ならば、私は聖書のこの言葉か、あるいはそれに似た言葉の引用で始めたであろう。私はこの文書をそうしたいと思う人は後から前へ読んでもよいし、喜んでそうしてもらえるように構成しておいた。

注1　スイス連邦の感謝、懺悔、祈禱の日。プロテスタントとカトリックの共通の、国家が定めた宗教的・愛国的祝日で一八三二年以来、毎年九月第三日曜日に祝われる。

2　一八〇〇年ごろからスイスやエルザス地方で歌われはじめたドイツの代表的な民謡、学生歌。

3　一七八九年に発表されたJ・W・ゲーテの詩『心に留めること』(Beherzigung)からの引用(Iコリント一〇・一二)参照。

(小川圭治訳、一二巻・192―197頁)

解説

バルトは本編を「一種の書かれた説教」として『新チューリッヒ新聞』（一九六七年三月二六日号）に寄稿した。本書には雑誌掲載の聖想（小説教）が三本（クリスマス二本、イースター一本）収録されているが、これらの掌編はいずれも比較的長い説教の多いバルトにあっては親しみやすくかつ洞察に満ちたものである。

バルトは八〇歳になった。一九六六年五月には誕生祝賀会が盛大におこなわれ、J・ファングマイヤー、M・ガイガー、E・ブッシュの編集により大冊の記念論文集『パッレーシア〈喜ばしき信頼〉』が献呈された。九月にはヴァチカンの招待で一週間のローマ訪問が実現する。病気のため第二ヴァチカン公会議（一九六二―六五）オブザーバー参加の招きを断らざるをえなかったバルトにとってその埋め合わせとしてもこれ以上ない喜ばしい旅となった。訪問の報告（『使徒タチノ墓ヘノ巡礼（アド・リミナ・アポストロルム）』一九六七年）は次のような言葉で結ばれた――命じられているのは「われわれ自身の門前を喜んで掃き清める志と結びついた静かな兄弟的希望」である。それは、「私の関心は、いつも、エキュメニカルな神学、つまりある特定の教派の狭い範囲の中に包摂されない神学を教えることでした」（ドゥ・ケネタンのインタビューに答えて、一九六二年）と語ったバルトの長い神学的履歴にふさわしい、まさに今日のキリスト教の在り方を示唆する言葉であった。バルトはこの冬、未完成の『和解論』の第四部（倫理学）から「校訂をすませた断片」だけでも公刊しようと決意し、一九六七年の復活節後に洗礼論が『キリスト教的生（断片）』として刊行された。ただ説教は一九六四年三月二九日復活節のバーゼル刑務所を最後になされなかった。そうした中で本説教が「書かれた説教」ではあるけれども『カール・バルト説教目録』の最後の七七二番目に登録された。

さて本編でバルトは「復活日の秘密」に読者の注意を向けさせる。「秘密」は「秘義」と訳されてもよい。復活日に教会が喜ぶのは「特別な秘密」である。教会とはその秘密の回りに集められた群れであり、その秘密を世界に伝える使命をもつ。この秘密とはイエス・キリストその方にほかならない。復活日に教会は彼を活ける主として祝う、ということは彼が将来啓示されることを、すべての人間、全世界、個々のすべての人間の希望として祝うことである。バルトによれば、この復活日の希望は、この世に一回限り語りかけられた希望というのではなく、この世に植え込まれた希望であるということである。そのかぎりこの希望は世界に属している。この希望とはイエス・キリストの死人の中からの復活の出来事である。われわれ人間の生存の将来は生けるイエス・キリストの死人からの復活においてわれわれの眼前に置かれる。それは聖霊の力によって現在的となる。それゆえわれわれは、われわれの生存がその同じイエス・キリストの完全な日である最後の日にあらゆる闇を照らす光となることを期待するのである。

われわれはこの書かれたバルトの最後の説教を読みながらバルトの次のような言葉を思い起こす。「わたしが神学者として、そしてまた政治家として語るべき最後の言葉は、『恩寵』のような概念ではなく、一つの名前、イエス・キリストなのです」（『最後の証し』小塩節、野口薫訳）。バルトの亡くなる少し前、一九六八年一一月一七日にラジオ放送された人気番組「この人と音楽を聴く」のインタビューに答えた言葉である。「最後の言葉――一つの名前」、バルトの説教もそこへと収斂していった。

カール・バルト　略年譜

一八八六・五・一〇　バーゼルで誕生。
一九〇四―〇九　ベルン大学、ベルリン大学、テュービンゲン大学、マールブルク大学の各神学部で福音主義神学を専攻。
一九〇九―一一　ジュネーヴのドイツ語教会にて副牧師を務める。
一九一一―二一　農民と労働者の村ザーフェンヴィルに正牧師として赴任。
一九一四　第一次世界大戦勃発（―一八）。

本書　収録説教
（末尾の数字は本書の収録ページ数）

イザヤ書四二・一―四による説教
（一九一四、待降）*9*

一九一七　ロシア革命勃発。
一九一九　『ローマ書』第一版。
一九二一―二五　ゲッティンゲン大学の改革派神学の教授に就任。
一九二二　『ローマ書』第二版。
一九二五―三〇　ミュンスター大学にて教義学と新約聖書学の教授。
一九三〇―三五　ボン大学にて組織神学の教授。
一九三三　ヒトラー内閣成立。
一九三四・五　「バルメン神学宣言」。

一九三四・一一　ヒトラーへの宣誓を拒否したため、職務停止。解雇。
一九三五・七　ドイツ出国。バーゼル大学の組織神学教授に就任（―六二）。
一九三九・九　ドイツ軍ポーランド進撃（第二次世界大戦―四五）。
一九五四―六四　バーゼル刑務所で説教。

一九六二　バーゼル大学での最終講義「福音主義神学入門」。

一九六八・一二・一〇　バーゼルの自宅で九—一〇日の夜に死去。

イエスと共なる犯罪人　ルカ二三・三三（一九五七、受難）144

われらと共にとどまりたもう　ルカ二・七（一九五八、降誕）75

わずかの間　イザヤ書五四・七—八（一九六一、復活）206

しかし勇気を出しなさい　ヨハネ一六・三三（一九六三、降誕）94

復活日の秘密　（一九六七、復活）224

参考文献ほか

カール・バルトの著作

『カール・バルト説教選集』全一八巻、雨宮栄一・大崎節郎・小川圭治監修、一九九一―二〇〇五年、日本キリスト教団出版局。

『説教の本質と実際』小坂宣雄訳、一九七七年、新教出版社（『神の言葉の神学の説教学』加藤常昭訳、一九八八年、日本キリスト教団出版局）。

『祈り』川名勇訳、一九六三年、新教出版社。

『最後の証し』小塩節、野口薫訳、一九七三年、新教出版社。

それ以外の参考文献

エーバーハルト・ブッシュ『カール・バルトの生涯』小川圭治訳、一九八九年、新教出版社。

小川圭治編『カール・バルト説教目録』一九九〇年。

カール・クーピッシュ『カール・バルト』宮田光雄、村松恵二訳、一九九四年、新教出版社。

加藤常昭『説教者カール・バルト　バルトと私』一九九五年、日本キリスト教団出版局。

Hartmut Genest, *Karl Barth und die Predigt*, Neukirchner, 1995.

CD

Mut in der Angst, TVZ, 2003. 二つの刑務所説教がCDに収められている（「回心」一九六一年八月六日と「しかし勇気を出しなさい」一九六三年一二月二四日）。じっさいに語られたテキストもドイツ語版全集に収められている。そのほかに一九六二年三月の最終講義「愛」がレコードとして、また一九五三年九月のビーレフェルト講演「自由の贈り物」がCDとして出ている。

あとがき

今年二〇一八年はカール・バルト（一八八六―一九六八）召天五〇年に当たる。本書はこれを記念して『カール・バルト説教選集』全一八巻（雨宮栄一・大崎節郎・小川圭治監修、一九九一―二〇〇五年、日本キリスト教団出版局）の中から待降・降誕・受難・復活の説教を一二編選んで一冊にしたものである。数多い説教の中から選ぶのは容易なことではない。当然別な選択もあり得るわけだが、説教として優れていること、日本語として信頼できること、聖書箇所に配慮すること、さらに特定の時代に偏らないこと、などを基準として選んでみた。これらの説教に親しむことで福音の神髄に触れ、信仰の養いに、また説教準備の黙想などに役立てばさいわいである。またこの機会にバルトの神学的足跡を辿り直し、この二十世紀最大の神学者の拓いた信仰の世界にあらためて目を向けることによって今日われわれの当面する諸課題に取り組む手がかりを得ることができれば、これまたさいわいこれに過ぎるものはないといわなければならない。

バルトが生涯でした説教は六七〇になるとエーバーハルト・ブッシュはその伝記『カール・バルトの生涯』に書いているが、一九九〇年に完成した小川圭治編『カール・バルト説教目録』は後期の小説教などを入れて七七二をリストアップしている。これに基づけばおおよその内訳は、ジュネーヴとザーフェンヴィルの牧師時代（一九〇九―二一）五六六編、ドイツ諸大学の教授時代（一九二一―三五）九三編、バーゼル大学に移って戦争が終わるまでの間（一九三五―四五）四一編、そして戦後、亡くなるまでの期間（一九四五―六八）五七編である（それに一九〇七―一〇年の短期間の牧師補時代の一五編が加わる）。全体の七〇パーセント以上を牧師時代が占めるのは当然のこととして、牧師職を離れてからも求めに応じて喜んで説教壇に立った。晩年バルトが、すなわち、一九五四年から一九六四年までの一〇年間、年齢でいうと六八歳から七八歳、バーゼル刑務所で年に二、三回のペースで説教したことは説教者バルトを語る上で欠くことはできない。刑務所説教は二冊の説教集（『捕らわれた者に解放を』『私を呼び求めよ！』）にまとめられて二八編が残された。本書にはその中から五編採録した。ブッシュによればバルトは一九六五年のクリスマスにも説教しようと考えていたが、健康が許さず、結局一九六四年三月二九日復活節の刑務所での説教が最後の説教となった。こうしてザーフェンヴィル時代、時代と格闘し聖書と格闘していたバルトのひたむきな説教から、ドイツ大学時代および教会闘争期の神学的な、ないし鋭く預言者的な説教をへて、最後のバーゼル刑務所における深みと暖かみのある対話的な説教まで六〇年近い説教者バルトの活動は終焉を迎えることになる。なおドイツ語版全集五三冊目として今年になって「一九〇七―一九一〇年」の説教が出版され、ザーフェンヴィルの「一九一二年」分を残して説教者バルトの全貌はほぼ明らかになった。

バルトは説教の原稿を書いて説教にのぞんだ。後年メモ書きで登壇したこともまれにあったが基本的には完全な原稿を準備した。バルトはボンの説教学講義で、説教を書き記すことについて、「説教を実際になす場合の根本的前提条件は、説教を書き記しておくことである」と述べている。聖霊が言葉を吹き込むことを、あるいは自分が一つの構想をもっていることなどを当てにしてはならない。一語一語準備され書き記されておいたものだけが語られるに値するのだと。こうして礼拝の中心に位置し、聖礼典と関係し、それ自身「礼典的出来事」である説教に、説教者が最大の注意をはらい、最良の知識と良心をもって準備すべきことは当然のことである（バルト『説教の本質と実際』）。

他方、神の言葉の説教は語られ、そして聴聞されるものであることもまたいうまでもないことである。そうした意味でバルトの説教の録音（本書241頁）を機会があればぜひ聞くことを私もおすすめしたいと思う（加藤常昭『説教者カール・バルト　バルトと私』）。語りの迫力に圧倒されるに違いない。説教の言葉を自ら探し出そうとして時折口ごもりながら、重要な言葉は強弱を付けくり返し、いわばみ言葉のリズムにしたがって説き明かしはつづいていく。スイスのドイツ語が分かりにくくても耳を傾ける価値がある。そうすることはテキストとして残されたバルトの説教をわれわれが読んで理解し、その説教が開いて見せている世界に深く入っていくのにきっと役立つことであろう。バルト以後の説教ならびに説教学の発展について私はほとんどつまびらかにしないけれども、バルトの説教を、また本書に収められた諸説教をくり返し読み学ぶことで、われわれは信仰を養い、とくに説教の務めにある者ならその必要な糧を得ることができることを確信してやまない。

終わりに、『カール・バルト説教選集』全一八巻の監修に当たられた雨宮栄一、大崎節郎、そして故小川圭治の諸先生に心からの感謝を申し上げたい。その的確な解説に大いに助けられた。バルトの生涯説教の半分以上を収めたこの選集刊行がいかに偉業であったかをあらためて知らされた。説教者バルトの全貌が明らかになりつつあるいま、さらなる研究が期待されるところである。

本書ができ上がるには教団出版局の土肥研一さんの並々ならぬ情熱に負うところが多かった。記して心から感謝いたします。

二〇一八年一〇月一日　　仙台北三番丁教会牧師室にて

佐藤司郎

翻　訳

大崎節郎（おおさき　せつろう）1933年生。東北学院大学名誉教授。

村上　伸（むらかみ　ひろし）1930–2017年。東京女子大学名誉教授。

蓮見和男（はすみ　かずお）1925年生。元日本キリスト教会仙台黒松教会牧師。

井上良雄（いのうえ　よしお）1907–2003年。元東京神学大学教授。

小川圭治（おがわ　けいじ）1927–2012年。筑波大学名誉教授。

編・解説

佐藤司郎（さとう　しろう）

1946年山形に生れる。東北大学文学部哲学科卒業、東京神学大学大学院修士課程修了。組織神学専攻。日本基督教団大洲教会、同信濃町教会牧師、東北学院大学教授を歴任。博士（文学）。
現在、日本基督教団仙台北三番丁教会牧師、東北学院大学名誉教授。
著書『カール・バルトの教会論　旅する神の民』（新教出版社、2015年）、『われは教会を信ず　エフェソの信徒への手紙に学ぶ』（同、2011年）他。

カール・バルト説教選

しかし勇気を出しなさい

待降・降誕・受難・復活

2018年10月25日　初版発行

編・解説　佐藤司郎
発　　行　日本キリスト教団出版局
169-0051　東京都新宿区西早稲田2丁目3の18
電話・営業：03 (3204) 0422
編集：03 (3204) 0424
http://bp-uccj.jp

印刷・製本　モリモト印刷
ISBN978-4-8184-1013-8 C1316　日キ版　Printed in Japan